あぁ、だから一人はいやなんだ。

い と う あ さ こ

幻冬舎文庫

あぁ、だから一人はいやなんだ。

はじめに

「初めまして」の方も。そして「二度目まして」や「それ以上まして」の方も。こんにちは、いとうあさこです。

このたびはこの本を開いていただき感謝でございます。

２０１４年。ギリギリ〝アラフォー〟だった、あさこ44歳の秋。幻冬舎ｐｌｕｓにてコラムを始めさせていただきました。いや、〝コラム〟なんて洒落たものじゃないです。〝ババア吐き出し話〟ってな感じでしょうか。

私は女学生時代、日記を書くことが好きでした。こないだその頃の日記を読み返してみたのですが、何と申しますか。アタマおかしいんですよ。いつも〝夢見がち〟で。そしていつも〝悲劇のヒロイン〟で。でもそれが、まごうことなく〝あの時の自分〟で。

あれから30年近く経ちましたからね。その日記の中の自分は〝今の自分〟ではなく（当たり

前ですが）、もう別人にすら思えるほど。だから恥ずかしいと言うより、笑けてしまいまして。その時なりに一生懸命生きていて、むしろ可愛いくらい。

このコラムもいつかそうなるのかしら？　その時私は還暦過ぎてる？　そんな想像でニヤニヤしながら、日常の出来事や何故か異常に覚えている昔の話など書かせていただいております。気が向いた時にでもペラリと開いていただけたらこれ幸いです。

それでは等身大の40代女子話を……すいません、カッコつけました。ババア吐き出し話を、よろしかったら是非に。

いとうあさこ

もくじ

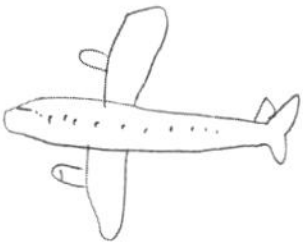

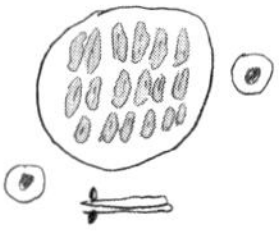

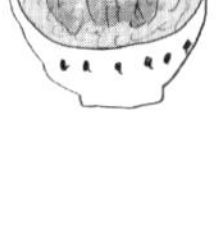

挿画　丹下京子

ダンスババア

幼稚園で「最初にお嫁さんになるのは絶対あさちゃん！」と言われてからすでに39年が経ちました。いとうあさこです。このたび〝寂しい〟だか〝楽しい〟だかよくわからない私の日常を書かせていただくことになりまして。日々大したこともないですが、こんな風になんとか生きてるんだな、とニヤニヤ覗いていただけたら嬉しいです。

まず手始めに今回は私の好きなものを聞いていただこうかな。え？　興味ない？　でも、聞いてください。

私は小さい頃から踊るのが大好きでしてね。そのきっかけはもっちのろんろん！　ピンク・レディー！　ホントにみんな踊ってた、と言っても過言ではないほどの大ブームでした。ただビデオなんてない時代ですからね。テレビで何度も何度も観て覚えて。発表の場は翌日の学校。友達と〝ミーちゃんとケイちゃん、どっちをやるか〟で大騒ぎしながら踊りました。その後はBaBe、SPEED、モー娘。、あやや、AKB48、E-girlsなどなど。とにかくテレビで踊ってたらすぐ録画して覚えて踊る。自分も〝もう一人のメンバー〟ヅラしてね。

もちろんJ-POP以外でもチャンスさえあれば踊ってしまいます。例えば映画もダンス系たくさんありましたからね。『フットルース』とか『コーラスライン』とか。『フラッシュダンス』の最後のオーディションシーンは大好きすぎて完コピしました。ダンスはもちろんのこと審査員が鼻をかんだり、つま先でリズムとるところまで全部。あとSONYのカセットのCMも忘れられない。CMが流れるとすぐに立ち上がって踊っていました。あの名曲「Overnight Success」に合わせて。

これが今も続いてるんです。今でもリズムが聞こえてきたりするとじっとしてられなくなる。ただ昔と違うのはそういう時、片手にお酒を持っているってことかな。そうです。ウチで飲みながら夜な夜な踊っているわけです。ま、いつもはそうやって一人でこっそり踊ってるんですが、ここ一週間で2回も大人数の中で踊りまくる夜がありまして。ええ、ええ。ウッキウキのハッスルナイトです。

一つはSHELLYの結婚式。いやぁ、ホントにハッピーな時間でした。式も披露宴も終始笑顔が溢れてて。中でも特にすごかったのは二次会。生バンドやDJさんがいらして、会場には常に音楽が流れていました。やっぱりビートを感じると踊っちゃうんですよね、私。

そんな会場でかかってた曲は洋楽ばかり。正直、私は海外の曲はあまり知りません。ただ「君の瞳に恋してる」など懐かしいナンバーがかかるともう止まらない。飛んだり回ったり雄叫びをあげたり。もはや〝踊る〟というより〝暴れる〟の方が近かったかも。

「式から出てるから二次会はちょっと顔出して帰ろうかな」なんて言ってたのに、気づいたらラストまで約4時間踊り続けていました。

二次会がダンスパーティというのは聞いていたので、超がつくほど汗かきの私は、汗が目立たないように黒のワンピースを着ていったのです。なのに、「あさこさん、汗すごいですね」とバレるほど、服も髪もビッショビショになるまで踊りました。もう滝行の後となんら変わらない状態ですよ。それだけ楽しかった証拠だから許してください。しかも慣れないヒールを履いていったので足首はガッタガタ。数日間上手に歩けませんでした。

そしてもう一つのハッスルナイトは「ディスコの神様Vol.2」@代官山UNITというイベント。大好きな藤井隆さんが出られるということで行ってきました。

実は私、こういうイベントに行った事がなくて。確かに私はディスコ世代ですよ。「ジュリアナと〜きょ〜っ!!」の声と共に、ワンレンボディコンで羽根つき扇子を振り回してお立ち台にのってる世代です。ただちょうどその時代は殿方に貢ぐ為、がむしゃらに働いてましたからね。自分の遊びの為にお金を使う、なんていう感覚はまったく出てこなかったかな。

なんて健気エピソードを挟みつつ。そんなわけで何もわからずとにかくド緊張。だから行く前に若いスタイリストちゃんに色々聞きました。

「どんな格好で行けばいいの？」「どうやって中に入ればいいの？」「不良の人がいっぱいじゃないの？」

などなど。でも答えは一つ。「大丈夫ですよ」そう言われてもやっぱり緊張。

というわけで会場に1時間前に到着。入口に若いイケメンさんが二人。来た人のカバンのチェックなどをしてる。若い人にしたら〝普通〟の光景なんでしょうけど、結局オロオロしちゃいますよ、44歳は。なので一回落ち着こうと、会場のすぐ横にある居酒屋さんへ。そうです。こういう時は飲むっきゃないのです。さんまの刺身をツマミに冷たいビールをガブガブガブガブ。

よし。意を決して再び会場へ。平静を装い荷物チェックを済ませ、ドリンクチケットなるものを受け取る。地下へ降りていくと音がどんどん近づいてくる。オーダーが届かないほどの大音量の中「レッドアイ！」「え？」「レッドアイ！」とやっとの思いでシャレオツドリンクを注文。

きっとリズムで体を揺らしながらゆっくり飲むものでしょうが、そこはやっぱり緊張MAX状態。こぼして人にかけちゃうのもヤだなと思い、信じられないスピードでレッドアイを飲み干す。さあ、機は熟した。勇気をだしてステージエリアへ。するとちょうど一番聞きたかったtofubeats「ディスコの神様 feat.藤井隆」が始まるところ。そうなっちゃうとね……

踊っちゃうよねぇ。さっきまで挙動不審だったのが嘘のように。会場の薄暗さも私を大胆に踊らせてくれるってわけですよ。更にそこから藤井さんのＤＪ、そしてＬＩＶＥも続くもんで、またまた暴れるに近ぃダンスを披露。もちろん汗ダクダクかきながらね。

ただ さすがに動きすぎたかな。まわりの若者が「あさこじゃねぇ？」「絶対あさこだよ！」とザワザワ。でもそこはビショビショおば……姉さん。誰からも声かけられず、むしろちょっと遠巻きになってくれたおかげでスペースが出来て踊り易かったです。なんか、すいませんん。

こうして私のハッスルナイトたちが終わりました。なんとも解放的で気持ちのいい最高の夜でした。でもそんな夜は続かないんですよね。あっという間にまた一人で自宅で踊る毎日の復活。ま、それも人目きにしなくていいからいいっかぁ。じゃあ今夜は……ＳＫＥ48の〝もう一人のメンバー〟ヅラしちゃおうかな。不器用太陽ぉ〜♪　お疲れさまでした。

〈今日の乾杯〉もう寒くなってきましたからね。寒いのは苦手だけどコイツがどんどん美味しくなってくるから許しましょう。というわけでプックリしてきた生牡蠣（なまがき）にキュッとスダチを搾って、日本酒ロックで乾杯。

ハロウィン

ハロウィンの季節がやってきました。街のあちこちがカボチャ色に染まってる気がします。車を運転しているとカーレイディオからはＤＪの方が「今年は何の格好するか決まりました？　私は……」と楽しそうに言ってるのがよく聞こえてくる。

ただ……ちょっと待てよ、と。あれ？　いつから〝やる、やらない〟じゃなくなってる？　いつの間にか〝やる〟前提になってるのね。

ここ数年のハロウィンの浸透率すごくないですか？　ん〜、私頑固なんですかねぇ。新しい文化を受け入れるのが上手じゃないというか。正直カボチャもそんなに好きじゃないですしね。ま、これは以前「進ぬ！電波少年」の企画で半年無人島で暮らした時、食糧が甘味のある芋（ほとんど腐ってましたが）ばっかりだったので多分〝甘くてホッコリしたモノ〟を一生分食べちゃったのかも。同じホッコリだったらカボチャじゃなくてジャガイモがいいなあ。そしたら「よぉし！　今年のハロウィンは大量のポテトサラダにマッシュポテト。グラタンもいいねえ！」なんてジャガイモ料理でテンション上がってハロウィンにハマったり……しないか。

そんなハロウィンと上手に付き合えない私でもやったことあるんですよ。仮装。しかもハロウィンと言ってもまだ主に日本に住んでる外国の方が楽しんでるイメージの頃一度だけ。10年位前ですかねぇ。仕事の上の方々と飲む事になりまして。その時「あ、いとう。今日ハロウィンだからちゃんと仮装してこいよ。もちろん家からな！」との命令が。たしかに元々コンビでコントをやっていたのでウチには衣装は山ほどあります。看護婦、シスター、婦人警官などなど。その中から私が選んだのはキャッツアイ。と言っても黒の全身タイツに綺麗な色の布を腰に巻いただけのものですが。その格好で〝家から〟とのお達しがあったので渋々家を出る。ああ、見られてる。私、とても見られてる。

そりゃそうですよ。かなり寒さも強まってきてる時期なのに、全身タイツ一枚で30歳過ぎの女子が地下鉄乗ってるんですから。むしろもしその時、自分の名が知られていたら「あ、なんかの罰ゲームかな？」とか思ってもらえたかもなぁ。

とにかく恥ずかしさの極み中の私は電車のドア入ってすぐの棒のところに、まるでポールダンスのように絡まるほどくっついて掴(つか)まり、ただただうつむいて一秒でも早く目的の駅に着くことを祈ってました。そしたら途中の停車駅で数人の外国人が乗ってきまして。ええ、もちろん皆さん仮装してますよ。ドラキュラやら狼男やらフランケンシュタインやら。あら、怪物くんのお供のメンバー勢揃い。とにかく目が合わないようドアの棒と同化するべくまっすぐジッとしてた。でも、だめね。だって周りの日本人はそろそろコートを羽織る頃で色目の落ち着いた普通の服を着ている人ばかり。私もね、色目だけで言ったら落ち着いてるよ。だって黒一色だから。でもやっぱり異質。すぐ気づかれた。そしたら狼男が満面の笑みで私に向かって「オウ！　コックローチ！」……え？　私、ゴキブリ？　違う！　キャッツアイです！

確かに全身タイツが艶のあるタイプの黒だったからポイっちゃポイけども。周りの人もアノ殺虫剤さえなければ〝コックローチ＝ゴキブリ〟って思わずに何を言われてるのかはわからなかったかも。でも……やっぱりご存じなのね。皆さん不必要な無表情。不自然なやつ。ごめんね、気を遣わせて。あの時の乗客の皆さん、お気遣いありがとうございました。

ただハロウィンだけじゃなくて、そもそも流行りに疎いというか。いや、違うな。どっか「私は流行りに乗らない」みたいなひねくれたところがありまして。いわゆるあまのじゃくです。だから数々のムーブメントから遅れをとりまくった人生です。その最たるものは〝ナタデココ〟。あまりのブームにそっぽ向いていたのですが、たまたま人が買ってきてくれて食べてみるとなんと美味しいことか！　そりゃ流行るわけだ。歯ごたえ最高！　コリコリがいいっ！　ただその頃はもうブームが去って1年近く経っていて、なかなかナタデココに出会えない状態。そう言えば『ノルウェイの森』もみんながあらすじを忘れる頃に読んで、誰とも興奮を分かち合えず一人で騒いでたなぁ。

その感じは小さい頃からかもしれない。小学生の頃みんなが大人びてシャーペンを使い出しても、私はボンナイフで鉛筆を削り、短くなったら鉛筆サックをつけて使っていた。ゲームなどもあまり買わない家だったというのもありますが、だいぶ遅れて友達のゲームウォッチを借りて〝オクトパス〟やった時の興奮はいまだに忘れられません。友達はもうとっくに飽きてるけど、私は繰り返し繰り返し伸びてくるタコの足から大騒ぎして逃げ回っていました。

そんな私も一度だけブームの火付け役になったことがあります。これまた小学生の頃、ランドセルから取り出した瞬間みんなの視線を独り占めしたのが〝二面筆箱〟。表と裏から開けるあの画期的な筆箱です。前に書いたようにボンナイフで削った鉛筆という古典的な文具を最新のハイテク文具に入れてる自分。あんなに誇らしい気分を味わったことはないかもしれません。ただチヤホヤされたのも束の間。友達は次々に面を増やし、三面、四面はかわいいもん。面の数はもう止まらない。ある日九面筆箱を誰かが持ってきた時、とうとう学校で多面式筆箱禁止令が発令されました。生涯で唯一ブームに乗っかれた日々も、ものの見事に数日で終わってしまいました。

そんなこんなで流行りにまったく乗れない私は今年もきっと平服で10月31日を過ごすでし

ょう。夜どこに飲みに行ってもお店は大盛り上がりで混んでますが、ハロウィンとあまり関係ないからかな。お寿司屋さんが空いてることに数年前気づいたので、近所のお寿司屋さんでしっぽり日本酒でも飲みながら、ね。ハッピーハロウィン。

〈今日の乾杯〉お寿司屋さん行くとついツマミでお酒を飲んでしまい、なかなか握りにたどり着けない。そしたら大将が〝ウニの殻に酢飯をつめてその上にたっぷりのウニ〟を作ってくださった。ああ、結局上の部分をツマミにまた飲んじゃう。

汗

横浜アリーナで行われたａｉｋｏちゃんのコンサートに行ってきまして。好きなんですよねぇ、ａｉｋｏちゃん。あの独特のメロディラインとギュンギュンくる歌詞がたまらなくてね。だって少し背の高いあなたの耳におでこ寄せちゃうんですよ！　甘い匂いに誘われたあたしはかぶとむしなんですよ！……あ〜あ。そんなカワイイ恋はしたことないなぁ。歌聞きながら疑似恋愛させていただいております。はい。

ａｉｋｏちゃんのコンサートはいつもオアシズ大久保さんと行くのですが、今回は事務所の後輩のざしきわらしというコンビのサスケを連れて参戦。サスケは普通の男の子（自称）ですがとにかく女子力が高い。詳しくはわからないけどオリーブオイルに関する何かの資格も持ってるし、最近の趣味を聞くと〝アクセサリー作り〟なんだそう。私のつけてるtsumoriのピアスもいの一番にみつけて「これカワイイですね！　どこのですかぁ？」みたいな。でも普通の男の子（自称）なんですよ……多分。そんな女子力満載のサスケとはいろんな感覚とか好きなものとか似てるところが多かったもんで。もしやと思って「ａｉｋｏちゃんって聞く？」って訊いてみたところ、答えは「聞く！」どころか「アルバム持ってます！」ほらごらん！　私の直感は間違ってなかった！　というわけでサスケとレッツラゴーしたのです。

通された座席はおこがましくも関係者席。ステージを正面に見ると右側の一番上の方の席でした。ただこの関係者席というのはなかなかでして。仕方ないんですよ、おそらく。なにかしらのつながりや事情で見にいらしてる方が多いんでしょうね。だって〝関係〟者だから。結果座ったままご覧になる方が多いんです。というかほぼ全員そうなくらい。でもね、私はダメ。我慢できないんですよ。ひとたび曲が流れたら！　ビートが体に入ってきたら！　座ってなんかいられない。一応周りに軽く会釈をして立ち上がり、あさこのダンスタイムはスタートしちゃうのです。

今回ももちろんそうなりました。終始ａｉｋｏちゃんの素敵な歌と面白いトークに引き込まれっぱなし。気づいたら一度も座らず（もちろんその後数日は足首の痛みという形で自分の年齢を思い知らされるのですが）３時間ずーっと暴れ……いえ、踊り続けていました。

あ、もちろん今回も汗かくの忘れてませんよ。ええ、ええ。言わずもがな、ビッショリです。でもその汗で事件が。いつもだと汗かきまくって髪も服もずぶ濡れになるだけ。なんですが今回は……あれは何て名前なんだろ。ここ近年コンサートでたまにあるんですが、会場の全員にお揃いの腕時計みたいなのが配られて。それが曲に合わせてみんな一斉に同じ色に光ったり、いろんな色でピカピカしたり。とにかく盛り上がること必至のアイテムなんです。って説明でわかりますかねぇ？　まあ、ソレです。ソレを腕につけブンブンこぶしをふり上げ踊っていたところ、アンコール前の本編（？）が終わり会場がガッツリ暗転になった瞬間。あれ？　なんだろ？　私の周りだけめっちゃ明るいぞ。……はっ！　私のソレだけが蛍光イエローに光ってる！　どういうこと⁉　スイッチがあるわけじゃないから自分じゃ消せないし、とにかくソレをつけている右手をビショビショのTシャツの中に突っ込んでみる。明らかにお腹が光っちゃってるけど丸出しよりはマシでしょ。

　そうこうしているうちにａｉｋｏちゃん再び登場。アンコールのスタートです。そしたら興奮しておもわず右手をTシャツから出して「ａｉｋｏちゃ〜ん！」って大きく手をふっちゃうじゃないですか。でも一人だけ光ってること思い出して慌てて右手を再びTシャツに突っ込む。曲が始まりみんなの腕がまた光り始めたから堂々と右手を出してみたものの、みんなは赤に光ってるのに、私だけ蛍光イエロー。みんなはピカピカ点滅してるのに、私だけつきっぱなし。周りを見渡しても1万数千人いる会場の中でそんな人はどこにもいなく、私、目立ってたんでしょうね。会場整理のお兄さんが私の肩をトントン。新しいソレを持ってきてくれました。でもさ、あれだけの広い会場の隅っこなのに気づかれたってことはよっぽどだったんだろうなぁ。ああ、恥ずかしい。

後から聞いたらそのソレは水に弱いとのこと。ってことは何？　私の汗でバグったってこと？　この会場の中で汗かいてる人なんていっぱいいるのに、私の汗は度が過ぎてたってこと？　もうそこまで汗かいたのなら、それはそれで誇らしく思っていいかも。いやはや、私の汗、すげぇ。あさこの汗、ナンバーワン！

〈今日の乾杯〉以前「液体と調味料で飲むようになったら終わり！」と人に言われたことありますが、行き着くとこはうっかりそこです。今宵も私は味噌を舐めて酒を飲む。

一人でできるもん

改めて〝一人ぼっち〟の意味を調べてみたら「仲間や頼る人がいなくて、ただ一人であること」だそう。載ってた例文が「ひとりぼっちで置き去りにされる」。類語「孤独」。調べなきゃよかった。なんか怖ぃ。

一人カラオケ、一人焼肉、一人ラーメンなどなど。いろいろ〝一人〟がつく行動がなんとなく市民権を得てきた今日この頃。私は意外にこういう一人○○が苦手。特に夜一人で飲みに行くのが出来ないんです。飲んでる時どこ見てればいいかもわからないし、その視線をごまかす為に携帯いじったり本読んだりしたとしても限界があるし。じゃあ常連になってマスターやお客さんと仲良くなればとも思うんですけどね。それやっちゃうと静かにゆっくり飲みたい時があってもそこに行った時は常に喋らなきゃ、みたいになっちゃうとめんどくさいなぁ、とか。ま、要は自意識過剰なんです、私。とにかくなんか緊張しちゃうんですよねぇ。

そんな私が唯一、一人で出来る、というよりむしろ一人でしたいのが〝映画館に行く〟です。映画を観てる時の喜怒哀楽って人それぞれだから、それが相手とズレるのも気になるし。私結構変なところで泣き出したりするもんで、それを人に見られるのも恥ずかしい。何も気にせず映画に集中したいんです。ま、結局これも自意識過剰ですけどね。はい。

先日も森三中の大島ちゃんが主演の『福福荘の福ちゃん』を公開日に観に行ってきました。初日でどんなに混んでても結構一人だとどこかしら座れる。これも一人で映画を観に行く利点の一つです。

早めに行って指定席に向かう。席を見ると左隣にすでにおじさんが一人座っている。勝手な印象で失礼なんですが、仕事してない感じの60代位の方で数秒おきに体が小さくビクンとなる。正直なんかちょっと怖いな、と思いつつ体を出来るだけ右側に寄せて座った。

しばらくして右隣の席に40代後半位の男性が。体が少し大きめでメガネの優しそうなお顔をしてたので、こちらは安心。そう思ったのも束の間。右の人は座るや否やおもむろにバッグからカシューナッツを出してきてポリポリ食べている。飲んでる時なら最高のその香ばしい匂いも、映画館だとなかなか気になる。しばらくしてナッツをしまってくれたので一安心、と思いきや今度はタマゴサンド。ビニールを開ける音こそ気になるけど、タマゴサンドなら……と思ってたけどそんなことない！　なかなか匂いするんですね、タマゴサンド。好きですよ。しょっちゅう買うほどタマゴサンドは好きです。でもなかなかの匂い。もしかしたらしばらく常温で持ち歩いた？　それで匂いが強くなった？　とにもかくにも匂いが気になりまくり。更にタマゴサンド食べたら喉渇きますよね。はい、コーラをプシュー ッ。もう彼の食欲は止まりません。足元の鞄からスナック菓子をガッサガッサ音させて取り出してからのバリボリバリボリ。最悪そのまま食べててくれればいいものを、２、３口食べたらビニール袋にガサガサしまい鞄の中へ。またすぐ1分もたたないうちにビニールから出してきてガッサガッサのバリボリバリボリ。終始その繰り返し。もちろん途中コーラのプシューッをおりまぜながら。もうこうなると逆にちょっと怖いと思った左のおじさんの方が、「そっかぁ」とか「面白いなぁ」とか独り言は言うもののホントに映画を楽しんでいて、右のバリボリ野郎よりよっぽどよかった。

そんなアンラッキーシートに座ってもとてもとてもよかった映画『福福荘の福ちゃん』。是非是非観ていただきたい映画でした。

こんな私でも一度、人と一緒に映画に行ったことがあります。しかもおデートですよ。お・デ・ー・ト♪

あれは私が27歳の時。ロマンチックタウン横浜の映画館に『もののけ姫』を観に行きました。隣の彼にドキドキしながら映画を観ていたところ1時間ほど経った頃でしょうか。急にスクリーンも劇場の電気も消え真っ暗に。あれ？　あれあれ？　そう言えば来る時外はどしゃ降りだったっけ。そうです。落雷です。それから「いつ直るかな？」なんて話しながら待つこと1時間半か2時間。復活しまして。スクリーンに光が。再び映画が流れ出す。そう……最初から。うん、そうだよね。そりゃそうなんだけど、もう1時間観ちゃってるし。2時間経っちゃってるし。結局映画館に座ること5時間以上。どんなにいい映画でもさすがにクタクタでした。

はぁ。やっぱり私は一人で映画を観る星の下に生まれてるのかもしれません。さ、今日は『紙の月』を観に行こう。もちろん一人で。

〈今日の乾杯〉よく行く映画館の近くにほぼ毎回立ち寄る洋食屋さんがありまして。そこのロールキャベツシチューが大好き。この日はお持ち帰りで。帰宅後お気に入りのお皿に移して、この素敵なご馳走を大ご馳走に。これまたお気に入りのビール・よなよなエールとともに。

初老

　オアシズ大久保さんと飲む時の話題がもっぱら老後の話になってきたのは、悲しいかな否めない。いつの間にか恋バナを放棄している。放棄、というか特に話題にする恋がないだけですが。これはこれでかなりの大問題だと思いますが、今回はいったん置いておくとしましょう。

　こういう老後の話が出るようになったのは、うっかり老後をリアルに感じ始めたからかも。以前「初老」を辞書で引いてみたら「40歳の異称」と書いてあってゾッとしたことがあります。今も残っている〝還暦〟や〝古希〟と同じように昔は40歳を〝初老〟と呼んでお祝いしていたのだそうですが、現代で初老と呼ばれるのはさすがにもっと後からですけどね。ただ40歳過ぎてからの体の衰えがひどいからあながち間違ってないような気がします。44歳という実年齢よりはどちらかと言えば「若く見える派」だと自負しておりますが、内側の老いはガッツリしっかり実感しまくっちゃってるのです。

　そもそもは4～5年前、仕事の帰り道、不動産屋さんの前で貼ってある物件をなんとなく眺めてて。よし帰ろう、と振り向いただけで足首の靭帯(じんたい)を切ったのが始まり。振り向いただけですよ!?　何か激しい運動してたわけでもなく、ただただ振り向いただけでバチン。あっという間の出来事でした。

2年前初めて顔を出したぎっくり腰もキツかったなぁ。家で「何か晩御飯でも作ろうかな」と台所に向かおうとした途端、突然つま先から脳天までぶっとい杭でもぶち抜かれたような痛みがズドン。何の前触れもなく。膝から崩れ落ちてそのまま朝まで動けなかったんです。

それでもなんとか痛みを軽減できないものかと人間知恵を振り絞るもんでね。湿布はまったく届かないとこにあるので、40分くらいかけてゆっくり仰向けになり真冬の冷たいフローリングの床で背中を冷やしてみたり。あと明け方どうしても尿意を催してしまいまして。「最悪漏らしてもいたしかたないっ！」と決死の覚悟で床をズルズル滑るように1時間かけてトイレへ。遠吠えのような唸り声を上げながら必死に便座に座る。なんとか間に合ったものの次の試練が。激痛が走るので左手で自分をしっかり支えている為、空いてる右手一本でトイレットペーパーを引きちぎらなくてはならない。痛くて力が入らないのもあると思いますがなかなかペーパーが切れない。一休さん並みにまた考えるわけですよ。ポクポクポクポク、チーン！　ひらめいた！　ひっぱったトイレットペーパーめがけて唾をペッ！　もういっちょペッ！　そうです！　唾で溶かし切ってやったんです！……ひどいよね。ええ、ええ、わかってますよ。でも仕方ないの。それが私の思いついたことだから。

今でもあの寒く痛い夜のことを思い出すと、辛(つら)かったわ情けないわでとても悲しくなります。

でもそれ以来非情な腰は容赦なく突然の痛みをもたらしてくる。こないだもヤングなイケメンとのデートロケをやってはしゃいじゃったんでしょうね。思いっきり。年甲斐もなく。そのせいかロケ終わって「お疲れさまでした！」とイケメンくんが爽やかに去っていった途端、ロケバスの中で突然の激痛が。たぶんデート中はいわゆる〝女ホル〟も出てそれなりにキラキラしてたと思うんですよ、私。それがあっという間にスタッフさんに抱えられてやっとの思いで新幹線に乗るような状態に。ああ、神様の……いや、年齢のいじわる。

更についこないだ。異国でロケしてたら左の足首に違和感が。それは徐々に痛みを増し、最終的には足首に野球のボールでも入れたかのように腫れ上がってしまいまして。最初はケンケンで対処してましたが、それも響いちゃって出来ないくらい痛くなり、とうとうがたいのいい異国のドライバーさんにおぶわれて移動してました。帰国後病院へ行きまして。かいつまんで診断を言うと「余ったカルシウムが骨にならずにくるぶしの所に溜(た)まり石灰に。擦れたりなんだかんだで腫れてしまった」とのこと。そっか、原因は行き場をなくした石灰か。恋は足りてないのにカルシウムは余ってるとは。ああ、なんたる悲劇。

小さい頃はケガに憧れたりしたなぁ。骨折して松葉づえついてたり、三角巾で腕吊ってるのとか超かっこいいと思ってた。みんなが集まってきて人気者になれるような気がしてたのかな。保健室とかからすごく出てきたかったもの。ただ私は残念ながら（いいことなのですが）とても強くて肋木から真っ逆さまに落ちても、ちょっとした擦り傷くらいでがっかりしたもんです。あの頃の私に言いたい。元気で健康がいちばん！　と。

〈今日の乾杯〉私が「足首腫れた」と言ったらみんな口を揃えて「痛風？」と。とりあえず大丈夫だったということで、安心して焼き白子を日本酒ロックで。冬だねぇ。

いとうオバサンの事件簿2014

クリスマスは上手に過ごせましたか？　私のクリスマスイブは仕事でした。あ、ただアイドルなどのかわいこちゃんがイブの予定を聞かれて「え〜、仕事ですよぉ〜」と答えてるんじゃなくて、その〝彼とかちゃんといないあなたの私だから安心してアピール〟的なのじゃなくてガッツリのヤツ。夜中の1時半まで生放送のヤツ。で速攻で帰って朝5時過ぎには成田空港へ、のヤツ。そのまま異国ロケでございました。

あまりクリスマスを感じない年でした。例年は大久保さんと当日まで予定が入ることを期待して特に約束せず。で結局何にもないから当日しれっと「今日どうする？」なんてメールをどちらからともなく送り、大久保さんちで「明石家サンタ」観ながら飲み倒す。そんな感じだったんですけどね。今年唯一クリスマス感じたのはコンビニのチキン売り場が広くなってた時くらいかも。

そんなクリスマスを経て、とうとう今年が終わろうとしています。せっかくなので〝どうでもいい〟私の今年の事件ベスト3とか書いてみたりしようかな。ちょいと2014年を振り返ってみようと思います。

まず第3位は『DJ BBA事件』。勘のいい方はわかりますよね？　そうです。〝DJババア〟と読みます。実は2月に友人のハンバーガー屋さんが3周年を迎えて、その記念イベントがありまして。そこでまさかの「DJやってもらえない？」……DJ？　もちろんやったことないですし、ましてやイベント会場はシャレオツTOWN渋谷。そういう所でかけるようなシャレオツMUSICはまったく知らない。その旨を伝えると「いいよいいよ。好きにして」とのこと。わかりました。好きにさせていただきます。

ということで記念すべき一曲目はPINK SAPPHIRE「P.S.I LOVE YOU」。これがかかるとBurning Heartの熱い鼓動はずっとずっと止まらないわけですよ。トシちゃんの「悲しみ2ヤング」や森川由加里「SHOW ME」。キョンキョンの「ヤマトナデシコ七変化」の頃にはもう超ノリノリ。知り合いのDJさんにいろいろ教わりながら務めたDJ30分。ラストは不朽の名曲・渡辺美里「My Revolution」。今回の体験は私にとっての革命、的なね。DJブースの前ではみなさんガンガン踊ってくれていたので「やっぱり80年代&90年代のJ-POPは色褪せない！」って喜んでたのに、よく見たら同世代のオカマさんが前の方に集まって踊ってくれてただけで、後ろの方で若者は携帯いじっておりました。いやはや、すんずれぇいたしました。

続いて第2位は『プロフィール詐称事件』。私、女子ですがよくテレビで体重を言うんですよ。ほら、だって誰にとってもどうでもいいじゃないですか。明らかに細いベッピンさんが体重を聞かれ「え〜！　言えませんよぉ〜！」と言ってる横で「え〜！　62キログラム〜！」と。そうなると決まって「え？　62kg？　結構あるな！」。そう言われ続けて早数年。

事件は今年の秋に起こりました。運動しまくってどれくらい体重が減るかみたいなロケでまず最初に体重を計ることに……あれ？　あれあれ？　結構あるな、でおなじみの62kgのはずがまさかの65・7kg！　そう言えば私、40歳の誕生日に体重計捨てたんだった。愛する飲食を制限するくらいだったら生きててもつまらない！　という都合のいい理由から体重計とさよならしたのです。その日から体重を気にせず生きてきた。でもさすがに4kg近い体重の増加はなかなか胸にくる。ああ、私も女の子だったのね。そんなこんなで今ホームページ上の私の体重は間とって63kgになっております。間、とって、ね。

そして栄えある第1位は！『象より大久保さん事件』。あれは夏でしたかねぇ。大久保さん含む数人でカラオケに行った時のこと。誰かがZIGGYの「GLORIA」を歌っていて。もろ世代のうちらは一緒に歌いながらピョンピョン飛び跳ねてました。その時暴れすぎて2日前に作ったばかりのメガネを落っことしまして。その直後。パリン。……え？　パリン？　メガネが大久保さんの足元に落ち、一瞬で踏み割られてしまったんです。

幸いレンズは無事だったのでフレームだけ再度購入しようとメガネ屋さんに行くと店員の

方が「無料で新しいのと交換させていただきます」とのこと。もしや買ってすぐだから電化製品みたく保証期間なのかと思いきや、そういうことではない。店員さんによると「実はこのフレーム、〝象が踏んでも壊れない〟をキャッチフレーズにした商品なんですよ」だそうで。そうか。象より大久保さん、強いんだね。

他にも『写真週刊誌に3回も載ったのに全部どうでもいい瞬間だった事件』『私の方が綾瀬はるかちゃんより絶対こじらせ女子事件』『ガードル部分がしっかりしてるストッキングを前後逆に穿(は)いたらお尻がつぶれてお腹ポッコリ出ちゃった事件』などなど尽きませんが、なにはともあれ無事に一年を過ごすことができたことに感謝。

来年も健康に留意して頑張りたいと思いますので、２０１５年もどうぞよろしくお願いいたします。皆様、よいお年を。

〈今日の乾杯〉これもある意味今年の事件。ドイツにロケに行った時のこと。名物ソーセージの美味しい店に連れてってもらったんですけどね。……あれ？　真っ黒？　焼き過ぎ、だよね？　ま、ビールが美味しかったからよしとしよ。とにもかくにも今年一年お疲れさまでした。かんぱーい！

2015年の始め方

2015年始まりましたね。私が毎年最初にするのは近所のお寺でお参りをしておみくじを引くこと。今年は中吉。〝病気〟は「精神を安定にせよ治る」だし〝願い事〟は「限なく心遣いすれば叶えられる」と。まあまあいい感じ。さすが中の吉。ただね、何故か殿方がらみの部分があまりよくない。〝恋愛〟は「新鮮な心情が愛情を招くが騙されるな」。え？　私騙されるの？〝デイト〟は「我を抑えてムードを大切に」。私、そんなに感情を抑えられないほどガツガツしてないよ？〝縁談〟は「長引くと倖せを逃がす」。そもそも長引くような縁談がない。そんななのでそれがどうかはわかりませんが、なんとなくもうこれ以上ないほど木の上の方におみくじ結んだし、お賽銭も〝100倍のご縁があるように〟と105円入れてきたので、きっと、大丈夫……かな。

あとお正月の恒例と言えばオアシズ大久保さんとのお正月旅行。年に1回のお楽しみで、2012年から毎年どこか旅行に行ってるんです。

2012年は辰年だったので「ドラゴンに会いに行こう」とインドネシア・コモド島に。コモドドラゴンなんて世界中からみんな見に来てると思いきや、まさかの大久保さんと二人のみ。帰りの船着場で何十人ものお土産屋さんたちが「買って！」といっせいにコモドドラゴンの木彫りの置物を持ってきたなぁ。

2013年は「一番太いソーセージを探しに行こう」（注：下ネタではありません）ということでドイツのフランクフルトへ。ガイドブックおすすめのライン川下りに行ったのに400人乗りの大きな船にまたまた二人。「こんな季節にライン川下りするなんてクレイジー！」と。おすすめの季節が違ったようで、たしかに劇的に寒かった。

2014年は「とにかくゆっくりしよう」と屋久島へ。『もののけ姫』のモデルになった白谷雲水峡の苔むす森に行くと、前日の雨で地面はぬかるみ、川は増水。途中鹿や猿が出てくると聞いていたけど、下に気をとられて気づかなかったのか一匹も会えず。フラフラ戻ってきて、帰り道にあった不老長寿の水を二人でがぶ飲みした。

そして今年。休める日にちがあまりなく旅行は断念。今年は実家で過ごすことにしました。

そう、いろんな人の実家で。

まずは本当の（？）実家へ。同じ顔した両親と兄ファミリー、妹ファミリーに囲まれてひたすら飲み続ける伊藤家新年会。数年前家族で唯一独身の私に「どうしてあさこおばだけ一人なの？」とまっすぐな目をして聞いてきた姪っ子も小学生になり、もう二度とそんな答えの出ない質問をぶつけてくることはなくなり、姪の成長を実感。とにかくよく飲んだ実家第一弾でした。

翌日石川県に住む友達の実家へ。金沢駅で友達とカワイイ赤ちゃん、そしてご両親がお出迎え。昨年ロケで何回か訪れたひがし茶屋街に雪降る中連れて行ってもらいました。石川には美味しい日本酒がわんさかあるということで、いろいろ試飲できる酒屋さんでお正月らしく金粉の入った純米酒をグビリ。加賀野菜の美味しいお店ではワインも〝たしなみ〟まして、途中トロッとした温泉にもつかり、最後は寝る前にコンビニで買った金沢の日本酒で〆。これまたよく飲んだ実家第二弾でした。

そしてラストは愛知の友達の実家へ。そうです。大久保さんの実家です。駅まで大久保さんとお兄さんご夫婦が車で迎えに来てくれました。実家に行く前にちょっと寄り道。伊良湖(いらご)岬の茶屋で名物の大あさりをつまみにビールで乾杯です。するとビール瓶を持ったベロベロのオッチャンが二人寄ってきて「こんにちは!……」って会ったことはないけれどもぉ」とビールをどんどん注いでくれる。それをきっかけにお店の人から焼き牡蠣いただいたり、おばあちゃんが串に刺したパインをくれたり。ツーリングで来たバイクのお兄さんに「ほら!独身のイケメン!」と独身かどうかは確認できませんがなかなかのイケメンを紹介されたり、と熱烈歓迎。

伊良湖岬は恋人の聖地ということで設置されている誓いの鐘とやらを鳴らすこともなく、

車に戻りいよいよ大久保さんのご実家へ。お兄さん夫婦の他にご両親と中学生の姪っ子ちゃん。更にはチワワのルナちゃんととにかく賑やか。まずはみんなで近所の居酒屋さんに行って飲み、戻ってからも飲み。そうしてるうちにお母さんやお義姉さんがどんどんいろんなものを持ってきてくださり、翌朝帰る頃にはちょっとしたパソコン買った時くらいの大きな紙袋いっぱいのお土産が。ありがてぇ。嬉しい重みを手に感じながら一人東京に戻り仕事始めとあいなりました。これまたよく飲んだ実家第三弾でした。

実家シリーズで幕を開けた２０１５年。今年はいつか自分が実家になれるよう頑張るかな。そう言えばおみくじの〝結婚〟にも「神経質にならないで進めよ」って書いてあったしね。まぁ、神経質どころかだんだんもうよくわからなくなってる自分がおりますが。とにかくなんにせよ進むとしましょうか。どうぞ今年もよろしくお願いいたします。

〈今日の乾杯〉そんなわけで帰京後大久保さんのご実家でいただいたじゃこに、たっぷりの大根おろしを合わせ日本酒ロックで乾杯。こうしてお正月の余韻を楽しみながら今年も頑張るといたしましょう。

酒

お酒の飲み方って人それぞれ。で、その人の中でも相手によって、時代によって、シチュエーションによって変わったりする。ただ私の場合どんな時でも共通しているのが「自分が美味しいならなんでもいい」という考え方。飲食は私にとってうっかり一番の幸せですからねぇ。とにかく100%楽しく満喫したいんです。もちろん下品だったり、人様に迷惑をかけるようなのはダメですよ。だから昔流行った〝いっき〟とかショットグラス何杯いけるかで酒の強さを競ったりするのは超がつくほど反対派。そこに〝楽しさ〟はあるかもしれないけど〝美味しさ〟はないもの。そんなの酒への冒瀆(ぼうとく)だっ！

……あ、すいません。興奮して声を荒らげてしまいました。ま、こんな私ですが実は20歳超えてしばらくはお酒が嫌いだったんです。小さい頃、母がよくコップに氷を入れて日本酒を飲んでいまして。飲んだ後は大抵ソファで寝ちゃって子供が何か言っても忘れちゃう。だからお母ちゃんをそんなにさせるお酒が嫌いだったんです。私は大人になったらあんな風にはならない、と。今ならばもっと思いやりを持てと思えるんですけどね。子供は一度も大人をしたことないから、大人の気持ちがわからないのかな。お酒のイメージが超悪いまま成人になりまして。

そんな私のお酒デビューは忘れもしない22歳の冬。ものは、熱燗。なかなかハードなスターター。なぜ熱燗かは、う・ふ・ふ♪　最初に付き合った殿方があまりに美味しそうに熱燗を飲んでるから、ある日「私も一口飲んでみていい？」と聞いてみたわけですよ。出来うる限りかわいらしく。出来うる限り、ね。そしたらこれが美味しくてね。いやはやさすがは酒飲み一家・伊藤家の長女。あっという間の出来事でした。

20代は大人に見られたいのかカッコよさ重視の飲み方してたなぁ。ライムを搾る自分が素敵だと思ってジントニックばっかり飲んだり。あと〝コーラ〟を〝コーク〟と言いたいが為にむやみにラムコークを頼んだ時期もありました。山口智子さんに憧れて白いシャツにジーンズ、そして高めのヒールを履いて。しかもくせが酷くてチリチリパサパサのロングヘアーをかき上げながら。ああ、トレンディ。

若さもあってか、朝から晩までバイト三昧でなかなかのお金持ちだった20代とは打って変わって30代はお笑いの道に進み、バイトする時間も夜中だけになってしまいなかなかの貧乏生活。どこの国のかわからない激安缶ビールをスーパーで大量買いして引きずるように帰ったり。居酒屋でも一番安い焼酎をボトルで頼み、割る水はもちろん水道水。元々安いお店で突き出しもカットしてもらうのでお会計は激安。そんなでもこの時期それはそれで楽しかったですよ。ちゃんと安さの中でも美味しいものを探したりして。「あそこの店はチキン南蛮が旨くてデカくて安い！」とか「みんなでメンバーズカードを作ったら、その人数が多ければ多いほど今後の割引が凄いらしい！」とかね。お金ないなりにも美味しく楽しく過ごそうとみんなで情報交換の毎日でした。

そう言えばこないだ凄い飲み方を聞きまして。おぎやはぎ矢作が池袋の立ち飲み屋さんで見かけたおじさん。塩舐めて飲む人はいるけど更に上の人がいた、と。なんと小皿にお醤油を張ってそこに輪ゴムを浸しだしまして。どうすると思います？　正解は、しゃぶる。斬新。その話聞いて、ついですよ。つい、やってみたんですよ。そしたら……悪くない。まさかの美味さ。ゴムの味になる前に輪ゴムを取り出し醤油をつけまた口へ。その加減も楽しいじゃあ〜りませんか。結局醤油が美味しいんでしょうけどね。そのちょっとある嚙みごたえ含め、ただ醬油を舐めるより数段美味しいのかも。おじさん、恐るべし。

他にも凄いのが。友達の女芸人、ボルサリーノ関さんのお父さんのお話。飲む時、お味噌を舐める、なんてのはよく聞きますが、このお父さんの舐め方が凄い。味噌壺に直接手を突っ込んで「指一本一合」と言いながら指についた味噌一本分舐めてはお酒を一合グビリ。最終的に両手指10本で一升のお酒を飲んでいたそう。ああ、なんて素敵なの。味噌壺こそないからやらないけど、想像しただけで興奮する。いや、この為だけに味噌壺買ってもいいかもしれない。

以前人に「調味料と液体でお酒飲みだしたらおしまいよ」と言われたことがありますが、これらの話に興奮しちゃってる私はどうやらその〝おしまい〟とやらの状態に片足を突っ込みだしたかも。ま、そんなことは気にせず今夜もまた楽しく飲みましょ。小さい頃イヤだった母親と同じ日本酒をロックの飲み方で。そして飲み終わったらソファで寝ちゃうんだろうな。これまた同じようにね。なにはともあれ、酒、万歳。

〈今日の乾杯〉今宵も自宅。通称……いや、自称〝居酒屋あさこ〟。いただいた鴨肉にたっぷりのキャベツ、長ネギを合わせ、鶏ガラスープに酒だの醬油だの入れて煮る。最後に大量の大根おろしを投入。七味パラパラした日にゃもういつもの日本酒ロックをがぶ飲みで決まりです。お疲れさまでした。

前世

以前、前世が見えるという方を紹介していただいたことがありまして。その方曰く、どうやら私は〝三代前まで孤独〟だったとのこと。まず三代前は夫婦で無人島で暮らす妻。獲物が獲れなければ帰ってこない夫を待ち続けていたらしい。その次は遠洋漁業の旦那を持つ妻。ええ、ええ。また待つんです、私。しかも遠洋漁業仲間の奥さんが集まって「寂しいわねぇ」と井戸端会議するも、前世で待ち慣れているから全然寂しくない。でも前世を覚えてるわけではないので「私は人の気持ちがわからない」と思い悩んでいた位。その次。つまり今の〝いとうあさこ〟の前。雪深い山奥で一人で暮らすおじいさん。雪が解けるまでは山を下りられないから、たまにやってくるウサギちゃんを時に撫でくりまわし、時に喰らう。誰とも喋らず暮らしていたそうな。そんな前世たちだったもんで「いとうさん孤独全然平気でしょ？」と言われましたが、いやいや。毎日震えながら生きてますよ。なんともひどい前世たち。でもまあ後輩のやまもとまさみが以前「前世は胡麻ダレ」と言われたことがあるらしく。それよりはいっか。

でも最近もしかして私の前世は違うんじゃないか、と思うことがありまして。なんとなく……前世がラクダじゃないかと思うんです、私。

実はこないだ体調を崩しまして。ある日普通に寝たのに、夜中急に気持ち悪くて目を覚まし、そのまま嘔吐が止まらず。しかも仕事だったり土日挟んだりでなかなか病院に行けず。3日後やっと病院に行き診断は〝ウイルス性胃腸炎〟。すぐに点滴を打たれ、薬も出していただきまして。先生お勧めのOS-1というドリンクも買い込んで帰宅。吐き気はすぐに止まりましたが、食欲ゼロ。もちろん酒欲もゼロ。風邪ひいてもめったに食欲はなくならないので、これは相当ダメダメちゃん。しかもお医者さんから数日で食べられるようになると聞いていたのに、何日経っても食欲が戻ってこない。悲しいかなこういう時ほど孤独が沁みる。どんなにしんどくても自分で考え、自分でどうにかしなくちゃいけない。わからないことはYahoo!知恵袋に頼ったりして。さすがにその状態で1週間経った時は「少しでも何か食べなくては！」と蕪（かぶ）とか大根とかをお出汁でやわらかく煮てつぶしてみたり、豆腐を温めたりしてなんとか数口食べてみるけどそれ以上入らず。やべぇ。このままじゃ、やべぇ。食事を失った私は、そう。翼の折れたエンジェル。私が生きてる間に感じる幸せのほとんどを飲食からいただいてますから。結局そんな状態は2週間続きました。

でも治癒タイムは急にきます。ユーミンの苗場コンサートに行くべく越後湯沢駅で降りたところ、改札出てすぐに〝ぽんしゅ館〟というたくさんの日本酒が並ぶ夢の場所があるのですが、そこの酒樽を見たとたん脳裏にこの言葉が浮かんだんです。「飲みたい」はい、治りました。

南魚沼の酒蔵の地酒飲み比べセットで〝鶴齢（かくれい）〟〝八海山〟〝兼続（かねつぐ）〟の三種を優しい大根のおでんをつまみにチビリチビリからのグビリ。更にはユーミンさまのパワー溢れる最高の歌声に包まれ、あっという間に2週間ぶりの復活を果たしたのです。

でも……でもね！　2週間ほとんど栄養という栄養を取れなかったのに！　お酒もまったく飲めなかったのに！　誰からも言われなかったんです。「痩せたね」って。いや、自分でも思うんですよ。変わってないなぁ、って。Gパンが緩くなったとか、顎のラインがシャープになったとか。そういう変化がまったくない。しいて言えば唯一靴が少し緩くなったので、まさかの足の甲が痩せたのかも。ってそんなことあるか？　あったとしてもどうでもいいし。

ちゃんと健康であるなら別に丸くてもいいや、と40の誕生日に体重計を捨てた私。でもさすがにここまで食べないで痩せないとなんか悔しい。……あれ？　そう言えば2週間食べられなかったけど、そんなにフラフラしたりしなかったな。しかもそんな時に限っていつも以上に体をはる仕事が多かった気がする。でも平気だった。これってコブに栄養ためて数日食べなくても大丈夫という……ラクダと同じじゃない？　はい、お待んたせいたしました。やっと出てきたラクダ。そうです。そんなわけで〝前世ラクダ説〟が浮上したのです。

よく考えたら30歳の時、番組の企画で半年無人島で暮らしたことがあるんですが、その時は葉っぱと雨水と手づかみで獲れた少量の魚でなんとか食い繋いでいました。なのに、周りはどんどん骨川筋子さんになっていく中、一人一切痩せることもなく、帰国後の健康診断で「コレステロール値が高いですね。しばらく魚と野菜を中心にした生活をしてください」と。え？　魚と野菜（葉っぱですが）を中心にした生活やってましたけど。しかも半年。え？　どうして？　ね？　〝前世ラクダ説〟間違いないでしょ。

……って熱弁してきましたけど、よく考えたら前世が孤独もイヤだけど、ラクダも別にだわ。前世見える人に「食べなくても全然平気でしょ？」とか聞かれたりしてね。うん、まあとにかく今を一生懸命生きます。私の次の人が少しでも幸せになる前世であるように。

〈今日の乾杯〉復活したら早速こうよ。金沢の友達にもらった鰤カマにたっぷりの大根おろしをぶっかけ。〝ぽんしゅ館〟で買ってきた日本酒「鶴齢」をいつものロックで。健康バンザイ！　健康ありがとう！

ビビビ

ビビビと来ることってありますか？　私は短気なものでじっくり考えたりするのが苦手。出来うる限り早く答えを出したいのです。なのでどちらかと言うとビビビの直感を信じてやってきました。理由はわからないけどそんな気がする、だけの判断。それが合ってたかどうかは完全自己評価ですが、今のところそんなに間違ってなかった気がしてます。

一番覚えてるのが引っ越し。私が39歳の秋、約10年同棲していた殿方と別れることになりまして。いやぁ、10年経ってそんな別れが待ちかまえてるなんて微塵も思わず過ごしてましたからね。正直別れ話が出て家を出るまで半年かかったんですよ。そりゃそうです。だって10年ですよ。リアルな話、公共料金の引き落とし口座とかいろんな名義変更など手続き関係で手間取りまして。でもその半年の間、口もきかずに同じ屋根の下にいるわけですから苦しい苦しい。

そんな状況の中、自分の新居探しも。一回につき数軒の内見をさせていただきましたがなかなかピンと来ない。何度目かの内見の時、ある一軒の扉を開けた途端にビビビ。来ましたよ、ビビビ。その部屋は新築物件でまだ完成してなかったから工事の方もいらして木屑だらけだったんですけど。三階建ての三階の角部屋。周りに高い建物がなくて三階でも窓からの風景がひらけていて、なんだかとても気持ちよかったんです。「あ、ここで再スタートだ」って直感で。

そんな風に決めた部屋なんですけどね。ある日知り合いの占いや風水やってる人に聞いてもないのに「え？　なんでそんな近いところにしたの？　今のいとうさんはもっと遠くに引っ越さなきゃいけない運命だよ」って言われて。同棲してたのが東中野で引っ越し先が中野新橋。うん。たしかに心機一転には自分でも近いと思うわ。でもすごいビビビがあったんだもん。そんなこと言われて嫌な気持ちになりましたが、結果はビビビが的中。そこから仕事運が急激に上がりだしまして。まったくなかったテレビのお仕事が少しずつ、しかもどんどん増えました。ビビビ、正解。いえい！

あ。ビビビ界の中でも憧れの「会った瞬間ビビビって来たんですよね」。そう。恋愛のビビビも一応あるんですよ。一回だけですけど。20歳の時、バイト先で自己紹介の瞬間。「どうも中村です」と後ろの窓から降り注ぐ太陽の光を背負って挨拶されて。逆光で顔はほとんど見えなかったんですけど「あ、この人と付き合う」って思ったんです。小中高と女子校で殿方とお付き合いしたことなかったんですけど「この人が最初の人になる」と。その数か月後、本当にその人とお付き合いしました。ま、その後ヒモになるわけですが本当に後悔ないんですよね。これ言えば言うほど「はいはい」って言われちゃうのはわかった上で、確かに働かなかったけど、それを超す幸せをたくさんもらったから、一応結果はビビが合ってたと思っております。ええ。ま、最初の恋でしたしね。

仕事もそう。アイドル↓舞台役者↓ミュージカル女優↓喜劇女優↓芸人、とその時のビビにしたがって軌道修正しながら今に至ります。あ、最初のアイドルは仕事じゃなくて完全子供の頃の夢ですが。今のお笑いの世界に入ってからも12年水面下にいましたが、何故かその間に「やめる」や「道を変えよう」みたいなものがまったくなく。惰性と言えば惰性かもしれませんが、どこかでこの仕事に対するビビがあったんでしょうね。南ちゃんネタもネタ見せで落ちまくりでしたが、たまたま番組のイベントで自分の直感を信じて南ちゃんネタをやってみたところ、ありがたいことにウケまして。それを見ていたスタッフさんが「あ、ウケたね。ごめんね」と。そこから少しずつテレビにお呼ばれしだして、なんだかんだで今に至る感じです。それからはとにかくがむしゃらに仕事をやってまいりました。

それが……それがですよ。こないだ「イッテQ!」のロケでドイツに行った時のこと。高さ44メートルのビルの屋上から壁を綱一本で下向きで歩いて降りてくるウォールランニングという恐ろしいアクティビティをやることになりまして。あれは森三中の黒ちゃんが挑戦中、下から屋上の黒ちゃんに向かってみんなで「頑張れ〜！」と応援していた時です。通りすがりのドイツ在住の日本人女性が「何やってるんですか？」と聞いてきたので「あ、彼女（黒ちゃん）があのビルの壁を駆け降りようとしてるんです」と言うと、すごい真顔&超素直な声で「え？　何の為に？」……ん？　何の為？　そう言われるとわかんないけども。でもまぁ、ん～。何の為とかじゃないのかなぁ。頑張る↓みんなに面白かったと言ってもらう↓嬉しい。これだけなんだよなぁ。

ま、しょうがない。だって理屈じゃなくてビビビでこの仕事選んだんだもんね。信じたお仕事だから楽しく頑張るだけですわ。さ、またどっかの寒い国で氷水にでも浸かってくるか。

〈今日の乾杯〉こないだスマスマ観てたら美味しそうなマッシュポテトが登場。モッツァレラチーズを加えた伸びるマッシュポテト！　早速自宅で再現。ちょっとのバターとたっぷりの黒胡椒も入れてしっかり練る練るね～るね！　ハーブの効いたソーセージを合わせて最高の晩酌タイム！

イントロドン

最近記憶力の低下が著しい。乱暴に言ってしまうともう何にも覚えてない。お酒を飲んで翌日覚えてないのはもちろんのこと普段からそう。

「あれ？　今朝何してたっけ？」「ん？　私は今何しようとしてたんだ？」

なんて日常茶飯事。例えば忘れてしまったドラマを思い出そうと友達に、「ほら！　あのドラマ！　ほらあの人が出てた。……あのぉ、あの人と仲がいいあの人。……そうだ！　あの歌が主題歌の。ん〜……ほら！　あの人が歌ってた！」と結局キーワードが一つも出てこない、まさかのノーヒントトークをする始末。だからなんかあったら携帯のメモ機能に書いておこうと思うんですけど。メモ機能を開いてる間に何をメモしようと思ったのか忘れてしまうという。もう異常事態ですよ、ホント。

そんなワタクシですが何故か昔のことはよく覚えています。

特に80年代前後のJ-POPの記憶。いまだに2番まで歌えたり、振り付けも曲が流れたら自然と踊れたりする。昔のテレビは音楽番組ばかり。「ザ・ベストテン」「歌のトップテン」を始め、「レッツゴーヤング」「ヤンヤン歌うスタジオ」「夜のヒットスタジオ」などなど。ビデオすらまだない時代で、カセットデッキにマイクをつなげてテレビのちっちゃいスピーカーにあてて歌を録音した。そんな時、こっちの録音おかまいなしに家族が普通に喋るから「シーッ！」なんて言うのは私の世代のあるあるですよね。振り付けも繰り返し見ることで覚えました。

ただ今はYouTubeとかでうっかり答え合わせできちゃうじゃないですか。昔の歌を改めて見てみると振り付けを鏡（左右逆）で覚えていたことに気づいたり。あと教室でみんなの前でよく踊っていたんですが、勝手に大げさに踊ったりしてたんでしょうね。それが長い年月かけてオリジナルだと思い込んじゃって。私の場合その振り付けたちが「細かすぎて伝わらないモノマネ」につながるんですけどね。あとから「あ、ホントはこんなだったっけ？」みたいな。

先日も今度オンエアの「クイズ！ドレミファドン！」の収録がありまして。クイズ番組では普段記憶の欠落により答えが出てこなくて苦悶し続けるんですが、イントロは別でした。最近の曲は難しいですが、80年代から90年代はじめにかけての曲に対する閃き(ひらめ)は自分で言うのもなんですがピカイチ。イントロを一瞬聞いただけで超がつくスピードで曲名やら歌手の方の顔やら、レコードのジャケットに至るまでポンポン溢れ出す。

ただね。もう44歳ということでボタンを押す筋力だの反射神経だのが鈍っておりますので出遅れることもしばしば。そこだけが残念よ。特に好きな曲を人に答えられると「あ〜！とられた〜!!」みたいな。『飾りじゃないのよ涙は』って言いたかった〜!!」みたいな。もう終わってるのにボタンをガンガンたたいたりして。誰も見てないけど「私わかってたんですよ」アピールして悔しがっちゃう。ええ、ええ。バカみたいです、私。

結局収録は6時間に及んだのですが、自分でもびっくりするほどあっという間でした。終始興奮状態だからカロリー消費もすごかったのかも。お腹すいちゃって途中の15分休憩でかっこむようにカレーライス食べたりして。終わってもなお「イントロやりたい！」って言ってました。ああ、イントロ万歳！

それにしても昔のことって忘れないなあ。

例えば小3か小4の頃ローラースケートが流行って。光GENJIとかはまだだからあの憧れの靴型スタイルじゃなくて、もっとシンプルな運動靴にガシャッとはめて滑るヤツ。コンクリのところ走ったらガーガーうるさいヤツ。それを履いて実家の庭で練習してたんです。でも庭だから。庭は土だから。なかなかスムーズには滑れず。ヨロヨロ滑ってたら大きくつまずいちゃって。慌てて目の前の壁に手をついたら、その壁が古い木で出来ていて両手いっぱいに細かいとげが。数えながら抜いていったら合計78本刺さっておりました。

他にも幼稚園のお泊まり会の夜園長先生が作ってくれたお味噌汁の具がナスだった、とか。

5歳の時水性ペンで描いた絵の上に泣き伏して顔が七色になった、とか。あれ？　昔の記憶、全体的にどうでもいいヤツ。となるとまた60歳の時振り返ってやっぱりどうでもいいエピソードだけしか出てこないのも……それはそれで楽しい人生か。うん、悪くない。

〈今日の乾杯〉仲のいいスタッフさんに連れてっていただいた名古屋の居酒屋さんでなんと！　以前番組で作った〝居酒屋あさこ〟の枡が！　嬉し過ぎてアン肝で日本酒ガブガブ。あ、いつも通りか。

続イントロドン

こんなことあるんですねぇ。なんとまたイントロのお話が舞い込みまして。前回「ドレミファドン！」のお話をさせていただいたばかりなのに。今回はテレビ収録ではなく、新宿ロフトプラスワンにて行われた「懐かしのJ-POPを聴きながらトーク」というニブンノゴ！宮地くん、LLR福田くん、しずる村上くん主催のイベントです。

こちら24時半スタートというオールナイトイベント。そうです、朝までです。いや、昔はね。オール、って言うんですか。全然いけましたよ。もちろんカラオケボックスで朝を迎えたことも何回もあるし、松屋の深夜バイトで朝8時まで牛めしだの牛定だの作ってましたよ。「いとうさんの作るカレギュウは美味しいね」なんてタクシーの運転手さんに言われたりしながらね。

でもね、それは若い頃のお話。40過ぎてからはオールはちょっと。やっぱり翌日以降のダメージの引きずりがひどい。最近では飲みだす時間にもよりますけど、飲みに行くと遅くとも夜中2時位までに解散するのがちょうどいい。

ま、翌日も早かったし、私の年齢もご考慮いただいたのか出番は2時まで。よぉし！ハッスルするぞぉ！　とかなりの意気込みの中ライブスタート。大好きな〝懐かしのJ-POP〟だもの。まずは思い出の曲を2曲選ばせていただき（って数ある名曲から2曲選ぶのは至難の業でしたが、とりあえず今回はサザンオールスターズ「真夏の果実」、リンドバーグの「LITTLE WING」をセレクト）エピソードを熱く熱く語る。そこでは3人がすごく楽しく聞いてくれたので気づかなかったのですが……事件はそのあと起こりました。

今回の私の出番の目玉。イントロクイズコーナー。むしろこのコーナーの為に呼ばれたくらいよ。福田くんvs村上くんvsワタクシ。「とにかく福田くん村上くんが強いからガンガン攻めてやってください」とまで言われまして。DJのデッカチャンが次々に〝懐かしのJ-POPをかけてくれる。会場も盛り上がる。でも……あれ？　知ってるよ。うん、知ってるけどイントロ聞いて「はい！　ピンポーン！」みたいにならない。……ハッ！　そっか！　やばい！〝懐かしの〟の懐かしさのレベルが違う！

実はせっかく刺客として呼んでいただいたからには、とウチでこっそり練習してきたんですよ。イントロの。マッチ、トシちゃん、シブがき隊、聖子ちゃん、明菜ちゃん、キョンキョンなどなど80年代の素晴らしきアイドルちゃんたちや、プリプリ、パーソンズなどのバンド系の名曲をくまなくチェック。

でもね、そこじゃなかったのよ。だってMC3人の年齢が38、35、34。私、44。だから彼らの〝懐かしの〟J‐POPは90年代なのよ。っていうかそもそも私の時代にJ‐POPなんて言い方なかった。歌謡曲にニューミュージック、だもの。

そう言えば以前このMC3人でやっている「ドラマ部」というイベントに呼んでいただいた時、私セレクションとして「スチュワーデス物語」の面白さを熱弁？　熱演？　させていただいて。そこで薄々時代のズレに気づいていたはずなのに。

村沢教官が歌う「100℃でHEARTBEAT」にのせてがむしゃらに踊る松本千秋のこと。チーズの名前が覚えられないから曲に合わせて覚えようとするけど、長めの一番に一個のチーズの情報しか入ってないから、全部覚えるのにどれだけかかるんだと思ったこと。泳げないからと言って何故か寮の床でクロールの練習をしていたことなどなど。名場面の数々をご紹介したところ「そんなドラマがあったんだ！」的な衝撃をみなさん受けられてたので。最後「是非みなさんも一度見てみてください」なんて、まるで自分が出ていたドラマのように宣伝して帰ったっけ。

また同じ過ちを犯してしまった。結局私がわかったイントロは髙橋真梨子「桃色吐息」と渡辺美里「サマータイム ブルース」の2曲のみ。84年とギリギリの90年。気を遣ってくれたのね。デッカチャンさん、ありがとう。

そんなこんなではありましたがやはり好きなんですよね、J‐POP。2時までの出番でよかったのにジョッキの生ビール片手に（飲みながらのイベントだったので）結局6時まで居座りました。だって帰れないよ。イントロこそわからない90年代ソングでももちろん大好きな曲ばかり。それが次々にかかるんですから。そりゃそうなります。はい。

ただね、やっぱり年なのね。翌日一日中謎の下痢に見舞われた。体が拒否したんでしょうね、はしゃぎのオールを。でもお腹壊しながらもなんだかウキウキしちゃってた位楽しかった。最高のルンルン気分を頂戴いたしました。感謝。

「ドレミファドン！」に続いてのこのJ-POPイベント。只今ワタクシの懐かしソング熱が最高潮。と言うわけでiPodで大好きな80年代ソングをセレクトしてプレイリスト作っちゃお。まるで昔カセットでいろんなテーマで好きな曲集めてベスト盤作ったみたいに。そうだなぁ。季節柄素敵な「卒業ソング」しばりにしよう。ああ一曲目、斉藤由貴ちゃんと菊池桃子ちゃん、どっちの「卒業」にしようかなぁ。

〈今日の乾杯〉ここ数年ポテトサラダの人気たるやすごいですよね。先日出会ったポテサラには揚げたゴボウと温玉が。間違いないですよ、ええ。というわけで今宵も日本酒ロックをガブガブ。お疲れさまでした。

乗り換え

私は電車などの乗り換えがあまり好きではありません。乗り換えずにすむなら多少時間がかかっても乗り換えなしのルートを選んでしまう。つまりはかなりのめんどくさがり屋なんですよね、私。

そんな私がよく海外ロケでトランジット、つまり飛行機の乗り換えをします。しかもスタッフさんは先に現地に行っていて、マネージャーもついてこないのでまさかの一人で。乗り換えが好きじゃない上に言葉の壁はもちろん、知らない国の知らない空港への不安は半端ないです。

まず日本の空港のカウンターで聞けることを全部聞いて、少しでも不安を和らげてから出発するようにしています。乗り継ぎの飛行機のターミナルは降りたところと同じなのか？入国審査はどのタイミングでするのか？　書類はいるのか？　などなど。

先日も海外ロケがありまして。その時トランジットの時間が1時間25分。これは結構短い方なんですが、こういう時に限って偏西風とやらが原因で飛行機が50分近く遅れてしまいました。残り35分。ＣＡさんに聞くと私の便の5分前までの便の方はもう絶対無理なので既に振り替えの便の手続きをした、と。5分前？　え？　じゃあ私の便は？　答えは一言「(乗れる確率が) ゼロではない」。賭けだね。もう、賭け。

とにかく「飛行機を降りたところに現地のスタッフがおりますから指示に従ってください」とのこと。ドアが開くや否や飛び出すと日本人の優しそうなお姉さんが。「あの！　ブリュッセル！」と自分の行き先を叫ぶと冷静に「あ、ブリュッセルはこの先にいるスタッフに」。

走って行くと今度はこれまた優しそうな日本人のおじさまが。再び「ブリュッセル！」と叫ぶと「あ、ブリュッセルはこのエスカレーター上がったところにいる者に」。

ああ、また違う！　とにかく急いでエスカレーターを上がると異国の大きなお兄さんが二人。ん？　どっち？　さっきよりちょっと英語っぽく「ブリュッセエー！」と叫ぶと右のお兄さんが「Brussels!」おおっ！　やっと出会えた係員さん！

雑なヒアリング力でお兄さんの説明を聞くと、どうやら同じトランジットが私を含め四人いるとのこと。四人揃ったところで出発。みんなで足早に進んでいくとロープで立ち入り禁止になっている通路が。そのロープを外して中へ。おお！　裏ルート出現！　入国審査と荷物検査は特別カウンターであっという間に終わり。すぐ横のドアの所に停まっていた一台の車に乗り込むと、ブリュッセル行きの飛行機乗り場まで飛行機の間を潜り抜け一直線にG

O！　結果余裕で飛行機に着いた。すごい連携プレー。感謝。

多分私その時いい顔してたと思う。〝大変な乗り継ぎだったけど一人でなんとか無事に乗り継げたからブリュッセル着いたらきっとみんなに褒められるぞ〟顔です。

その顔のままブリュッセル到着。荷物のイラストの矢印に沿って歩いていくと数本のターンテーブルに世界中の荷物が出てきている。電光掲示板でチェックして自分の便の荷物が出てくる第3レーンに行くと〝遅れている〟の表示。しばらくすると第3レーンだったはずが「第2レーンに変更」の表示。第2レーンに行ってしばらくすると「やっぱり第3レーン」的な表示。ああ、レーンに振り回されている私。

更に待っているとやっと自分の便の荷物が届いたとの表示が。もおっ。い・け・ず。荷物。一緒に乗り継ぎを乗り越えた、気分はもう同志であるサラリーマンさんの荷物が横で出てきている。「無事に着いてよかったですね」的なニュアンスの会釈をして向こうは出口へ。荷物は次々に出てくる。出てくる。出てくる……んだけど、あれ？　私の荷物が出てこない。「大竹まこと　ゴールデンラジオ！」のステッカーが貼ってあるスーツケースが出てこない。そして出てこないまま「ＥＮＤ」の文字が。え？　もしや荷物なくなった？

これだけ異国に行っているのに荷物がなくなったのは初めての出来事。とりあえず航空会社のカウンターに行き、つたない英語で「マイバゲッジ！　ロスト！」と訴えるとパソコンをピコピコ。なんと2時間後の便に載っていることが発覚。ああ！　あんなに一生懸命トランジットしたのに！　荷物がトランジット出来てなかった！

係の人にちっちゃいセットを渡される。中を見たらシャンプー、歯ブラシ、ハンドクリーム、そしてXLの白Tシャツ。なるほど。〝これでしばらく過ごしてくださいセット〟ですね。

結局その後、空港に取りに戻る時間がないとのことで、そのまま回り続けるベルトを2時間見つめてなんとか無事に荷物をゲットいたしました。

ハプニングだらけのスタートでしたが、ロケは無事に終わりました。ま、よく考えたら背中に火をつけて自転車で海に飛び込んだり、ニップレスにパンイチでボディペインティングして気温2度の国に飛び出すロケ考えたら、乗り継ぎなんて大したことないか。

はあ。でもやっぱり次のロケ、乗り継ぎありませんように。

〈今日の乾杯〉世の女子たちはお洋服で夏先取りするんでしょうが、私はオツマミで先取り！　枝豆です。青々しくて実もしっかりしてて美味しい。この青さにはビールよりさっぱりとした日本酒で。お疲れさまでした。

私の中の女子

女子力。いつからだろう、コレを失ったのは。

昔はちゃんとそれなりに女子してましたよ。女子高生時代は前髪の長さ1ミリで一喜一憂したり。色付きリップを何色も並べてワクワクしたり。うふふ。かわいい。

やっぱりこの仕事ついてからかなぁ。外見とか仕草とか。そういう部分で女子っぽくしようとするとどこか気恥ずかしくなってしまう。ちょっとコントスイッチ入れちゃうって言うか。お恥ずかしながらエステやネイルサロンなんてロケでしか行ったことないです。服装もいつもジーンズにビルケンなど平らなつっかけスタイルの靴。ま、一言で言ってしまえば、ガサツ、ですかねぇ。

そんな私にドラマのお話がありまして。先日オンエアーになりました「容疑者は8人の人気芸人」というドラマ。〝人気〟芸人かどうかは置いておくとして。芸人さんがみなさん本人役で出ておりまして、私もいとうあさこ役で出演。ただね、現実世界とは〝お笑い〟という職業以外は全然違う。何故ならドラマの中の私は……超モテ女。

夢のようですよ。バナナマン日村さんが元彼。チュートリアル徳井さんが私のこと好き。

その上テレビプロデューサー役のＴＨＥ　ＣＯＮＶＯＹ瀬下さんが口説いてくる。ね？　奇跡のモテ期でしょ？

そのモテ期が現実じゃないことは百も承知なんですが、本能なのかホルモンなのか。体が黙ってないんですよね。これが恋に恋する、ってやつ？　撮影が始まると体内の奥に隠れていた〝女子〟が凄い勢いで顔を出してきました。

まずハンドクリームを超こまめに塗るようになる。これは手を握られるシーンがあるから「あれ？　いとうさんって手スベスベ。うん、いいな」的な。そんな素敵なことが起こらないかという淡い淡い期待。はい、この時点で早速公私の境界線がわからなくなっちゃってますね。ええ。

凄く近づいて会話するシーンもあったので「あれ？　いとうさんっていい匂い。うん、いいな」的に思ってもらおうと、桃の香りのボディクリームを買ってきて全身に塗りたくる。毎日ね。

あと撮影が終わった後、もしかしたら帰り誰かと会うかもしれない。その時「あれ？　いとうさんって意外にカワイイ格好。うん、いいな」って思われようとスカートはいて現場へ。結局撮影時間がそれぞれだったので、特にどなたかにお会いすることはなかったですが。ま、会ったところで、ですけどね。

さて。みなさんが思ってること、言いましょうか。そうです。重症です。今までふさいでた部分だから溢れ出してきちゃったんでしょうね。

他にも普段シャワーだけなのに湯船にお湯ためていい香りの入浴剤入れてみたり。こまめに部屋の掃除をしたり。日常生活から自然に〝女子〟感を探してました。

いやね、ホントに基本的なことばかりですよね。ただずいぶん〝女子〟をおサボりしてきたもんで、改めて「ああ、女子ってこんなにやることあるのね」なんてビックリしたりして。

でも、悪くないよね？　ほら、ビジュアルもこんなですし。年齢もなかなかなので、おそらくいくらやっても満点になることはないのだから。せめて気づいたこと位やってもいいかな、って。ということでこの２０１５年度は「久々に女子思い出そう年間」にしようと決心。

決心したら即実行。ということで先日飲みに行く時、まずヒールを履いて出かけてみた。お店もオシャレタウン中目黒の和食屋さん。ただ相手は異性ではなく女友達。でもどこで人に見られてるかわからないしね。出会いってどこに転がってるかわからないって言うしね。

ただささ……そうそう転がってないわけですよ。結局ね。そりゃそうよ。そんな転がってるならもう出会ってるもんね。となると飲んじゃいますよ、通常通り。最初は綺麗なおちょこでしっとり日本酒飲んでたんですけどね。気づけばロックグラスに氷をガツガツ入れて日本酒ドボドボ。それをガブガブ。いつものスタイル。

となるとこれまたいつも通り酔いまして。で酔うと私歩きたくなっちゃうんですね。というわけでお店を出てしばらく一人で歩いておりました。ただね、慣れないことってしない方がいい。

靴です。そう。今日はヒール。ま、ヒールと言っても別に細いヤツじゃなく、ゴツッとした細めの缶ジュース位の太さのもの。でも明らかにいつもの平らな靴とは違いますからね。転びました。上り坂にさしかかってすぐ、転びました。しかも酔ってるから思いっきり。気づいたら両膝ついて天を仰いで「痛――――――いっ!!」叫んでいた。ええ、ええ。『プラト――――ン！』と一緒のポーズです。

今年45歳。なかなかの大人が両膝から血を流してフラフラ帰宅する姿はもう地獄絵図。ああ、神様!! 私の〝女子〟に苦難をお与えになるのは何故ですか!?……はい。わかってます。単に飲みすぎですね。

でも何年かぶりに思い出した〝女子〟。せっかくだから無理ないとこから始めるか。まずは、ハマってる「ねこあつめ」見てる時、出来るだけ高い声で「かわいい～♪」って言ってみよ。

〈今日の乾杯〉先日、異国にて真夜中にロケが終わった時。もちろんお店やらコンビニやらないですからね。　みんなでロケバスでいただいたカップ焼きそば＆ビール。ああ、結局これが最高。

女優あさこ

山田ジャパン。私が旗揚げから在籍する劇団でして。ちょうど先日公演「大渋滞」@赤坂RED／THEATERが終わったばかり。

元々舞台の専門学校出身の私。昔からずっとコメディがやりたかったんです。あれは2007年。その頃特に仕事もなく「また舞台もやりたいなぁ」と口にしたタイミングに、劇団が出来る情報が。しかも女優を探してる、と。更に座長が元芸人で知り合いというご縁。そして座長が芸人ということはコメディ劇団。こりゃ連絡をしない手はない。

人を介して連絡を取ってもらうと、すぐに私が出ていたお笑いライブに座長含むメンバー数人が見に来てくれて。そのままライブ会場近くの居酒屋へ。特に深い話をすることもなくビールを飲みながら「ではよろしくお願いいたします」と。あっという間にメンバーになることが決定いたしました。

なんかすいませんね。素敵なドラマティックエピソードは全然なく。でもそんな感じがまたよかったかな、と。自然な流れのスタートでした。

私の芝居への憧れっていろんな理由がありますが、やっぱりアレの影響が一番だろうなぁ。

そうです。漫画『ガラスの仮面』です。

目指しましたよ、紅天女。まあどこ目指せばいいのかも、どう目指せばいいのかももちろんわからず。つまりは気持ちだけですけど。目指しました。

とにかく主人公の北島マヤに夢中。月影先生がパンッと手をたたくとマヤの目が変わり、役が憑依する。そんなガラスの仮面ごっこを学校でよくやってたなぁ。

『若草物語』の高熱にうなされながら空でピアノを弾くベス役とか。虚ろな目で♪わ、ら、べ、は、み ぃ〜た ぁ〜り ぃ〜、です。姫川亜弓とWキャストだった『奇跡の人』のヘレン・ケラー役もよかったなぁ。ウォ、ウォ、ウォーター！　ですよ！　あの劇団つきかげ入ってすぐのレッスンで、何を言われても「はい、いいえ、ありがとう、すいません」の4つの言葉だけで返すヤツも面白かったなぁ！

で、散々やった後、月影先生役の友達が再びパンッと手をたたくと「ハッ！　わ、私……」と素に戻るところまでセットで。

あ、読んでない方にはまったくわからないことをツラツラ書いてしまいました。すいません。ま、とにかく楽しい女優ごっこでございました。

このガラスの仮面ごっこをしすぎたのかな？　私の中の〝女優スイッチ〟が普段からかなり入りやすいんです。

特に映画を観た後はヒドイ。『フラッシュダンス』観た後は、ジェニファー・ビールス演じるヒロイン・アレックスになりきりウチにあるTシャツの首周りを全部切って肩を出してみたり。中でもアレックスが部屋で「マニアック」という曲で踊るシーンが好きで。彼女が足の指の付け根のところにぐるぐるテーピングをするのですが、テーピングなんて知らないしもちろんウチにない。近いものを探して結果、ガムテープを足にぐるぐる。終わってはがそうとして足の皮がむけるという地獄も味わいました。

それでも〝女優スイッチ〟は消えません。『私をスキーに連れてって』の後はもちろんスキー場に行って三上博史を探しましたし（自分が原田知世じゃないことは無視して）、『タイタニック』観に行った後は船の突先に立ちたくて箱根芦ノ湖の遊覧船に乗りに行ったし、『ライオンキング』観た後はライオンはなかったので犬のぬいぐるみを部屋で抱き上げたり。

あ、ちゃんと気づいてますよ。方向性がおかしいこと。でも仕方ないの。女優だから。止まらないの、私。

もちろん『Wの悲劇』もやりましたよ。これはやりすぎて今でも全シーン再現できるくらい。「女優！　女優！　女優！　勝つか負けるかよ！」「やすえさん？　劇団を維持する為、好きな芝居を作ってく為。（中略）そんな時、女使いませんでした？　私はしてきたわ」「まこちゃん！　お茶が入ったわよ。まこちゃん！」などなど。ああ！　書いてるだけで興奮してきた！

ひどい時には映像関係なく曲だけで空気感作っちゃいますからね。こないだも夜の新幹線で家入レオちゃんの「Silly」聞きながら窓ガラスに映る自分に問いかける。「ねぇ、どうしてこうなってしまったの？」……何がかはわかりませんが。はい。悲しみ溢るる表情になるんです。すぐに。あとはこないだも晴れた日に車を運転していて。カーレイディオからサザンの「希望の轍」が流れたので、すぐ窓を開け風に髪をなびかせる。ま、くせっ毛でまったくサラサラせず、カタマリで髪が浮く感じではありますが。でも完全にいいオンナ顔です。ん〜、このスイッチの入り方。自分でも、怖い。

でもあさこの女優は今日も止まらない。さ、今日は誰を演じよう？『ストロボ・エッジ』の有村架純ちゃんっぽく電車で横の男の人に肩ズンとかしちゃおうかな。ウフフ。きっと……怒られるね。

〈今日の乾杯〉舞台中にすごいのをご馳走していただきました！　近江牛のぶ厚いステーキ。ただうっかり車で行ってたので、まさかのジャスミン茶でいただくという不覚。ああ……でも……美味しい。

悩み相談

今日は折り入って皆さんに相談にのっていただきたいことがあります。とても繊細で、かつ複雑なことなので正直ここで話しても答えが出ないかもしれない。いや、多分出ないでしょう。けれど一人で考えていても何も光が見えてこないんです。というわけでダメ元覚悟で聞いていただきたいと思います。

実は、私、わからないんです。好きか、それとも嫌いか。好きか嫌いかわからないんです、お肉のこと。そう、食用の、お肉。

……ちょっと待ったぁ！　今本を閉じようと思ったあなた！　わかっています。そうでしょう。もちろん、そうでしょう。どうでもいい。そうですよね？

でもね、本当に答えが出ないんです。お肉が好きかどうかの。

基本的には肉か魚か聞かれたら魚派です（って、しれっと書き進めますが）。これは年だからとかじゃないですよ。小さい頃からそうなんです。ただもちろん肉をいただかないわけではなく、日々食べております。好きな肉料理もたくさんあるのですが、何と申しますか。好まないことも多く。その〝好き、嫌い〟の説明が面倒くさいから人には「肉あんまり好きじゃないんだぁ」と言っておりますが、本当にその線引きが自分でもよくわからないんです。

例えば鶏肉はあの皮のベロベロした感じが好きなので、から揚げでも親子丼でも絶対皮付きじゃないと嫌。言うなれば〝Ｎｏ皮、Ｎｏチキン〟です。でも鶏皮串とか鶏皮ポン酢みたいに鶏皮だけになると急に拒んでしまう。むしろ嫌ぃ。「皮がないのは鶏肉じゃねぇ！」って言ってるのに。肉とセットで好きなんですよ、皮は。

豚肉にも細かな好き嫌ぃが。普通のゴロッとしたお肉の入ったポークカレーはあまり好まないのですが、薄切り肉のカレーは大好物。ココイチ行ったら絶対に豚しゃぶカレーをオーダーします。それにチーズと半熟タマゴをトッピングするのがあさこスタイル。はい、食いつきが悪いのでおなじみのあさこ一口メモ。ご清聴感謝いたします。

トンカツもあまり好きじゃないんです。ということは豚は塊肉がダメなのか、と思いきやトンカツもカツ丼になると一転。大好物です。卵でとじてトンカツの命である〝サクサク〟を失ってるのにもかかわらずカツ丼は本当に好き。

もうこうなってくると問題は豚肉サイドではなくこちらの何かなんでしょうけどね。その〝何か〟が不明。ああ、もうわからない。

でもこんなのは序の口。一番厄介なのは牛肉なんです。

まず焼肉屋さんはあまり行きません。カルビ、ロース、ハラミなどなど、美しいとは思いますが「食べたい！」とは全然ならないんです。ただココでも私のワガママ炸裂。何故かタンだけは好き。いや、大好き。むしろあのコリコリした食感は毎日味わいたい位。たっぷりネギのっけたりしてね。本当に大好き。

あとユッケも愛してやみません。今は食べられるお店はかなり少ないのが本当に悔しい。生肉見るともうテンションUPが止まらない。久しぶりに卵黄とリンゴやキュウリの千切りと共にたっぷりのタレを絡めてガバッと食べたいなぁ。贅沢にね。

かと思うとA5ランク的なお肉はちょっと無理。これは焼きだろうがしゃぶしゃぶだろうが心が躍らない。あの芸術的に入ったサシを見ているだけで胸がいっぱいというか。脂っこいのが苦手なんですよね。かと思うと、丸腸みたいな脂の塊であるホルモンが大好きだったりする。実家ですき焼きパーティした時も、翌日残ったすき焼きを母が卵とじにしてどんぶりを作ってくれたのですが。その際にウチはすき焼きの最初に鍋に投入した牛脂を細かく切って卵とじに散らすんです。その牛脂のかけらは当たりの感じがしたからかもですが、まさかの大好物でした。ええ。

あ、挽き肉も好き。特に弱ってる時とかみなぎる力が欲しい時とか、急にガッツリ肉を食べたくなると、肉感の強いハンバーガーを大口でガツガツいきます。

今はなきレバ刺しも大好きだったなぁ。レバ刺しラストナイトは惜しむようにごま油＆塩にゆっくりくぐらせて何度も口に運んだっけ。一口一口お別れをしながら。

忘れちゃいけないのは牛肉のご馳走の代表格であるステーキ。まさかの、苦手。「ステーキは素敵」と恥ずかしげもなく言っていた世代（？）ですし、美味しいのも知っているけれど、あまり自分からはいかない。かと思うとスペアリブにかぶりつく夜もある。美味しいですよねぇ、スペアリブ。

って、ああ！　もう！　自分がわからない！　ねぇ、好きなの？　嫌いなの？　肉！　ホントに私のベロったらワガママなんだから。はあ〜。こういう嗜好の人って他にもいるのかなぁ。

そうだ。もしよかったら次回は〝甘いもの好きか嫌いか〟もやらせていただこうかしら。だって私甘いもの嫌いだけど、よく冷やした薄いチョコレートとカラメルのきいたプリンは大好きだもの。ああ。女はいつまでたっても悩み多き生き物、だわね。

〈今日の乾杯〉先日ロケで行った富山。富山駅がキレイでテンション上がって購入したお土産はヒラメの昆布〆。巻いてた昆布も刻んでいただきました。あ、もちろん日本酒ロックです。

6月10日に生まれて

わたくし6月10日に45歳になりまして。なんと申しますか、誕生日はもちろんめでたいのですが私の中では45になることにちょぃと抵抗が。

特に明確な理由はないんですけどね。今までも何度かなんかニコニコできない年がありまして。例えば30歳とか。時代だと思うけど「29歳のクリスマス」ってドラマがあった位、29がどこかタイムリミットみたいに感じていましたからね。あと37歳の時もそうだったなぁ。これは本当に理由がわからないけど感覚的にイヤだった。

でも40過ぎちゃったらなんか吹っ切れたというか。もう年齢とかどうでもよくなって。むしろ「毎年元気に誕生日を迎えられるのはありがたい」みたいな。なのに急にきました、45歳。また久々のイヤな感じ。ひとつ上のステージ・50の背中が見えてくるからですかねぇ。なってしまえば、なんでしょうけどね。

この6月10日がどんな日かと申しますと、まず時の記念日。ええ、マイナーなのはわかってますけどね。ちなみに他は森永ミルクキャラメルが出来た日ということで「ミルクキャラメルの日」。かと思えば、〝む（6）とう（10）〟の語呂合わせで「無糖茶飲料の日」という。

まさかの甘いの？　甘くないの？　どっち？　みたいな日でもあります。

　そして同じ誕生日の有名人。これってなんか大事ですよね。誕生日一緒の有名人が大物の時、人に言うと「え〜？　すご〜い！」ってなることありません？　別に何がすごいかわからないけど。なんか、ね。例えばマネージャーに同じ誕生日の人聞いたら「あ、ビリー・ジョエルです」と。スタイリストちゃんに聞くと「生年月日全部一緒は三浦春馬さんです」。どちらも楽屋は「すごい」やら「おー！」やら大盛り上がり。

　さて6月10日は？　と申しますとまず宇多天皇。そして水戸黄門。ジェームス三木さんや将棋の米長邦雄さんも。あ、最近だと松たか子さんもいらっしゃいます。いらっしゃいますけど、全体的に……落ち着いてる、って言うんですか。人に言うと「すご〜い！」より「ほぉ〜」的な。すごい方だらけなんですけどね、本当に。

　そんな地味な……いや、落ち着いた誕生日生まれの私。その宿命なのか？　それともただ単に顔の造りの問題なのか？　本当に存在感がないというか。そう心配するほどここ最近日常生活の中で自分の言葉がうまく届かないことが続きまして。

　こないだ乗ったタクシーでは「恵比寿駅まで」と言うと、どうやら新人の運転手さんで
「あ、申し訳ありませんが、ちょっと道がわからないので教えていただけますか？」と。

「いいですよ。とりあえず、そこ右に曲がったらずっと道なりです」

「すいません。ありがとうございます」

とスムーズに走り出したその数分後。新人運転手さんが突然「あ、もしかして恵比寿駅ですか？」ええ、そうですけど。「ああ。ならわかります。全然違うとこに聞こえていたので」

……え？　全然？　全然違うとこ？　逆に恵比寿駅がどこに聞こえていたのか超気になる！

ただその新人さんは実に晴れ晴れとした解決顔をしていたので聞けませんでしたけども。

あと先日マッサージ行こうと思って予約の電話をした時も。

（あ：私　マ：マッサージ屋さん）

あ「19時15分から一人って大丈夫ですか？」

マ「えっと（予約状況を見てる感じの間があって）はい。大丈夫です。何時からがよろしいでしょうか？」

あ「え？　あ、19時15分から……」

マ「はい、大丈夫です。足裏60分でよろしかったですか？」

あ「え？　あ、もしかして足裏60分しか空いてませんか？　出来たらボディ90分でお願いしようと思っていたんですけど」

マ「大丈夫ですよ。では、19時にお待ちしてます」

全然大丈夫じゃない。こんなに会話が噛み合わないってあります？　一個も正解がないという奇跡。しかもまだ続きがありまして。予約通り19時〝15〟分にお店へ。この日は時間に余裕もあったので受付にて。

あ「オプションでハンド15分ってつけられますか?」

マ「大丈夫です」

やっとスムーズな会話ができ、気持ちよく部屋へ。さあ、いよいよ施術開始。その時のお姉さんの確認がまさかの「では肩15分と足裏90分でよろしいでしょうか?」。

よろしくはない。私が頼んだのはハンドとボディです。15分と90分という時間は合ってるけど。ここまで違うともう自分が悪い気がしてきます。

実は今もこの文章をファミレスで書いておりますが、特に誰にも気づかれず。乱視がひどいのでメガネこそしてますけど、一応顔丸出しなんですけどね。さっき唯一赤ちゃんがものすごい勢いでジーッと見てたけど、それはまた違うか。

最後に一言だけ言わせてください。

いとうあさこ45歳、私はここにいます。

〈今日の乾杯〉初めて行ったお寿司屋さんで明太子おろしを頼んだら真っ赤な明太子に真っ白な大根おろし。その横には緑のキュウリの千切り。なんか、うっかり、イタリア。

コラーゲンボール

コラーゲンボール。コラーゲンを固めてボール状にしたもの。お鍋で出てくると反射的に「わあっ!」って言っちゃうヤツ。漠然と肌にいいってこと位しか知らないけど、なんか過剰に「わあっ!」って言えちゃうヤツ。そんなコラーゲンボールを7つ集めると幸せになる、といった感じのタイトルで先日ライブをやりまして。

これは〝お誕生日会〟と称した年に一度の単独ライブ。40歳の時から毎年やらせていただいております。元々は30歳の誕生日の時に一人で赤ワイン片手に『プロジェクトA』を観ながら震え泣いた、という恐ろしい経験があるもので。40歳の誕生日はそうなりたくない!一人で過ごしたくない! ということで始めたライブ。

ただ初回以降は、何かしらの理由でどうしても誕生日ちょっと過ぎてからやることになっちゃってまして。おかげさまで誕生日当日はちょうどライブの準備のラストスパート中となり。結果劇的に寂しい日になるという。

今年も一人でコンビニで買った餃子を食しながらネタ書いてまして。でも大根をおろしてポン酢と七味でタレ作ってみるというひと手間で、少しでも「寂しくないぞ」感を出してみたりして。そしたら0時の時報と共におめでとうのLINEがピロンピロン鳴りだして。「もぉ〜、今忙しいんですけどぉ〜」とか言いながらはしゃいでたら、まさかの7件でピロンが止まるという。いや、7人も「おめでとう」言ってくれる人がいるなんて幸せですよ。幸せなんですけど。7件って、すぐ返信し終わっちゃう。なんか寂しいから逆にこっちからどうでもいい質問投げかけて、それぞれと4ラリー位してみたりして。

そんな誕生日を乗り越えて迎えたライブ当日。今回の会場は銀座博品館劇場。こんな大きい劇場は初めて。というわけでオープニングから張り切ってド派手にいっちゃいましたよ。舞台いっぱいのスモークの中、一筋のライトがピカーッ。壮大な『バック・トゥ・ザ・フューチャー』のテーマ曲にのせて一台の車がスモークの中から姿を現す。そうです、デロリアンです。大好きな『バック・トゥ・ザ・フューチャーPART2』は1985年から30年後の2015年にタイムトラベルするストーリー。まさに今年。ということでデロリアンを作ったんです。段ボールで。台車に段ボール貼ったデロリアン。そこから30年前の私……いや、15歳と言い張る45歳のババアがセーラー服で降りてくるところから始まるという。すいません。立派なとこでそんなバカみたいなことしてきました。

他にもわがままボディを惜しみなく出したサンバの衣装でブラジルポルトガル語講座をしたり。第三の紅天女候補だと言い出して北島マヤと張り合ってみたり。5分間必死に卵白を泡立ててメレンゲを作ってみたり。自分で言うのもなんですが、くだらないことオンパレードです。

　そんな私の精魂込めた全力の悪ふざけに毎年観る側・作る側、本当にたくさんの方々がお付き合いくださいまして。本当にありがたい。だから年々更に更にと張り切っちゃって。体力がどんどん落ちてるにもかかわらず、より大きなエネルギーが必要なネタばっかり作っちゃうんですよねぇ。毎年途中で「あ、死ぬかも」って本気で思ってますから。死なないんですけどね、もちろん。

　今年も大量の汗でビショビショになりながら全てを出し切った100分間。そんな〆は尾崎紀世彦さんの「また逢う日まで」を熱唱しながら会場を練り歩くという。はい、最後までふざけております。

　ただね。その時、お客さんの顔を見ると何人か泣いてるんですよ。お笑いのはずなんですけどね。でもなんかよく言われるんです。「なんかわからないけど泣けてきた」みたいなこと。そしたら「あさこさんのライブってお笑いとか全部を通り越して、もうドキュメントだよね」とも言われまして。なるほどな、と。「これが今のいとうあさこです」を120％ぶつけさせていただいているので。それが伝わってるってことなら……もう一度言いますが、ありがたいです。本当に。

更にもう一点。どうやら母が観に来てくれてたらしく。こっそりと。後日妹から聞きまして。お礼の電話をすると「今まで人が『勇気もらった』とか『元気出た』とか言ってるの聞いても正直よくわからなかったけど、今回初めてそれがわかった」と。今まで舞台に関して感想なんて一度も言われたことなかったのに。なんかすごく、うれしい。出てくるのはやっぱり、ありがたい、です。はい。

単独。単に独なんて見るからに孤独感抜群の言葉ですが、そんなわけで本当にたくさんの方に支えられて無事に終わることができました。本当に本当に感謝です。

あ、最後に単独ライブの筋肉痛がちゃんと〝翌日〟に来たこともお伝えしておかなくちゃ。ってそんな若さアピールをしながらも、只今全身痛すぎて完全おばあさんのような動きになってますが。

さあ、素敵な幕開けが出来た45歳も頑張るとしますかね。皆さま、よろしゅうに。

〈今日の乾杯〉単独終わってすぐ異国ロケなもんで、初めて異国から原稿を送ってみた。なんかかっこいー、私。空港に夜遅く着いたので、ホテルへ向かう車の中にて。コンビニの冷やし中華を膝に置いて缶ビールをグビリ。これはこれで、なんかいい。

誕生

またまた女芸人が母になりまして。そうです。森三中の大島ちゃんです。6月22日かわいい男の子が生まれました。

実はその日は年に一度の単独ライブの日。夕方、リハをしていた時にマネージャーから第一報が。陣痛が始まった、と。「イッテQ温泉同好会」のグループＬＩＮＥというのがあるんですが、携帯を見るとメッセージが何件も。ムーさん（村上）の「急いで！　あと1、2時間で生まれそう！」を皮切りに「今、向かってます！」「もうすぐ着きます！」「どこにいますか？」とみんなの慌しさが伝わってくる。私もめちゃくちゃ駆けつけたかったですが、さすがに単独当日なので断念。大島ちゃんが読むわけないのはわかってたけど「がんばれーがんばれー」だけＬＩＮＥして。私はとにかく劇場にてただただ祈るのみ。

本番30分前。楽屋で用意していたらまたマネージャーが飛び込んできて「生まれたって！」と。完全「勝訴！」のテンションで。やったー!!　なんか泣けてきた。ハラハラハラハラって涙が。本当に本当に嬉しくてね。比べるもんじゃないけどワタクシ「大島ちゃんがこんだけ頑張ったんだから、単独なんて屁のカッパ！」って気分になりまして。ま、そのせいでか張り切り過ぎて前回書いたようにぶっ倒れるほどやっちゃうわけですが。

翌朝大島ちゃん&赤ちゃんに遅ればせながら会いに行きまして。抱かせてもらいました。こんな生まれたての赤ちゃんを抱いたことはないのでかなり緊張したけど、優しくそっとね。そしたら泣いてた赤ちゃんがあっという間に私の手の中で寝ちゃって。胸の奥にしまい込んでいた母性が溢れ出たのは言うまでもありません。そのまましばらく抱いていましたが、あんなに赤ちゃんの体温を感じるとは思わなかった。多分私たち大人より少し体温が高いのかな。伝わってくる熱のエネルギーの強さよ。「生きてるぜ、オレ！」って言ってるかのような。その熱で汗かきババアの汗がとんでもないことになる前にママにお返ししましたが。

でも何よりもビックリしたのは大島ちゃんのオーラ。って私はオーラも何も見えませんが、なんて言うのかな。おおらかさＭＡＸのような空気感。雰囲気。全部受け入れるよ、という懐の深さ。それがすごくて。聖母ってこういうことだな、と。聖母と言えば、で頭の中では岩崎宏美さんがラライバイ熱唱。とにもかくにも言いたいのは〝母、素敵〟ってことです。はい。

笑う門には福来る。「笑福」と書いて「えふ」くんと名付けられた赤ちゃん。大島ちゃん夫婦らしい、思いの詰まったいい名前だなぁ。なんだか家族の笑顔が目に浮かぶようです。ホントに。

こうやって素敵な光景を眺めながら、ぼんやり自分の時はどうだったのかなぁ、なんて考えたりして。出産して顔出すのが全員女芸人、なんていう笑福くんのようなことはもちろんなかったろうけど。母親のお腹から伊藤家の長女としてオギャーと飛び出した時はどんなだったんだろう。

麻のようにまっすぐな子になるように、と「麻子」と名付けられて45年。

三人兄妹唯一運動神経がよかった私は、柵でもなんでも無茶なところを走りたがり、すぐ落下しケガだらけだった幼少期。伊藤麻子なんて普通の名前つけてくれたのに、音楽の時間に「一週間」の歌を教わった時のこと。♪日曜日に市場へ出かけぇ　いとうあさこ（糸と麻を）買ってきたぁ～テュリャテュリャテュリャテュリャテュリャリャ～、とまさかの名前をいじられた小学校時代。フォークギターで松田聖子の弾き語りをし、苦笑いされた思春期。それから皆さんご存じ（？）家出をして、更に馬車馬のように働き貢ぐ20代。半年無人島に連れて行かれたりしながら、殿方と10年近く同棲するも破局を迎える30代。男と別れるのが引き換え切符だったように、別れてすぐ仕事が決まりだした40手前。そして「次の婚期は67」と新宿の母に言われたようにただただ仕事に邁進（まいしん）する毎日の今。

こうやって人生のあらすじを書いてみると、親の願いの〝まっすぐな子〟ではまったくないですが、なんとか歩いてきてるなぁ。いろんな時代を経て。いい事もわるい事もいっぱいあって。今はよくも悪くもどんどん強くなってる感じもありますが。一人に慣れてきちゃったというか。そこはちょっと問題ですが。いろんな人に助けてもらいながら、まあなんとかふんばっておりますです。

笑福くんはこれからどんな人生が待ってるのかなあ。ま、なんにせよあれだけでっかい母ちゃんがいたら大丈夫でしょう。笑福くん、早く大人になっていつか一緒にお酒でも飲もうね。ってその頃には私は65歳か……うん、いける。いや、いこう。

母は強し。独身も、なかなか強し。

〈今日の乾杯〉蛸と夏野菜の冷製ガスパチョソース。軽くニンニク効いてて美味しい。はぁ、もう夏ですね。ってもうおつまみでしか季節感じられない体になりました。

将来

ここ最近私の周りは本当に頑張っている。

イモトアヤコは北米大陸最高峰であるマッキンリーを制覇。あんなに気象条件の厳しい、クレバスだらけの危険な場所。しかもポーターさんがいなく自分でメチャクチャ重い荷物を背負った上に、更に腰に結び付けたソリにも荷物を載せて。成功率もけして高くない難関の山を登り切った。

そしてオアシズ大久保さんも。普通に歩いていても数分で具合悪くなるほどの炎天下の中、88キロマラソンに挑んだ。普段運動していない44歳が26時間ほとんど寝ず走り続けて。あちこちボロボロなのにいろんなコントを仕掛けられると何故かちょっと顔がしっかりするのは職業病なのかな。いやはやホントに、ホントにすごかった。

みんな挑んでいるなぁ。心から尊敬。だって私がここ最近挑んだことは何かと考えてみると、トイレ入った時。便座に座った途端にウォシュレットのスイッチを押す。自分の排泄がウォシュレットの飛び出しより早く終わるかどうか。そんな挑み。それなりにハラハラドキドキしたりしてね。結果はウォシュレットの勝ち。あ、でもちょっとの差だったのよ、ちょっとの。……くだらない。いやはや、くだらない。

そんな45歳。これからの私の人生はどうなるんだろう？

先月のことですが、単独ライブで使うサンバの衣装を借りに浅草橋に車で向かっていた時のこと。とある信号で右折したら一方通行6車線の広い道路にさしかかりまして。すると道路の真ん中におばあさんが。何て言うのかな。おうちがない感じの。バッグが紙袋の感じの。そんなおばあさんが道路をゆっくり横断中。ちょうど私の車線の前にいたので避けて隣の車線へ。曲がってすぐ赤信号で停まる。そんなに車が通る道でもなかったけれど、おばあさんがちゃんと渡りきれたか確認しようとバックミラーを覗くと……あれ？　おばあさんは渡るどころか真ん中で立ち止まっている。どっか痛いのかな？　疲れちゃったのかな？　心配しながらミラーを見ていると一台車が曲がってきました。おばあさん！　危ない！　するとまさかの出来事。おばあさんは向きを変え、ヨロヨロと曲がってきた車に向かって歩いていくじゃあ〜りませんか。もちろんその車の運転手さんは気づいて、私同様別の車線に移動して避けましたが。

私は考えました（ここからはフィクションです）。おばあちゃんは一人暮らし。家族はいなくて唯一の楽しみは毎日6車線の道路へ出かけて右へ左へウロウロウロウロ。下を向きつつ横目で車が曲がってくるのをこっそり確認。「来た」小さな声で呟いてその車に向かってゆっくり歩いていく。「ばあさん危ないだろ！」と運転手に怒鳴られるもおばあさんはニヤリ。また次の車を待つ。

そんな時、町のアイドルである若い婦人警官さやかが歩道から声をかける。

「もおっ！　おばあちゃん！　こないだ二度と道路に出ないって約束したばっかりじゃない！」

さやかはプリプリ怒りながらおばあちゃんを歩道に誘導。

「おばあちゃん。今度こそちゃんと約束して。本当に危ないからもう絶対に絶対にやっちゃダメだからね」

「はいはい。わかってますよ」

「ホントよ。次やったらお仕置きですよ」

「だからわかってるって」

「もお。じゃあ、とりあえずまた交番でお茶飲んでく？」

「ん〜、まあそう言うなら行ってもいいけど」

想像ですよ。想像ですけどそんな光景が思い浮かびまして。そしておばあちゃんはそんなちょっとした会話がしたくてまた翌日も、またその翌日も6車線に行くんだろうな、みたいな。

そしてこの時もう一つパッと脳裏を横切ったのが「あれ？　自分の未来？」なんだろう。直感で自分の将来が重ね合わせられちゃったんです。なんだか自分の将来を見ているような気持ちになりまして。友達もいなく家族もいなくただただ道路を往復する。近所の子供たちからは「あ！　6車線ババアだ！」なんて言われたりしながら。そうです、私は町で有名な6車線ババア。

いやね、元々完全妄想ですけどね。でも本当にずっと言っておりますが老後の孤独への恐怖って言うんですか？　健康面とか孤独死しないようにとか。そういうのはもちろんのこと、もっと基本的な友達がいるか、の不安。

だって今の時点で小中高の仲良したちは子育てで全然会えず。舞台見に来てくれたり何だかんだで顔は合わせてるけどね。私は仕事で遅いことが多いので、どうしても生活時間が違うから。わずかに残っている〝独身友達〟や〝一度お嫁に行ったけどおかえりなさい友達〟とかとたまに飲む位。だから必然同業者、しかも女芸人と飲むのが常。かと言っていつでも誰かいるわけではなく。みんな忙しいのでちょうどスケジュールが合えば飲む感じですから。毎晩「誰と飲む？」で苦労するのがもうすでにちょっとイヤですもんね。

ああ。今宵も飲む人を探して町に繰り出す。そうです、私は町で有名な〝誰か飲んでくれババア〟です。

〈今日の乾杯〉結局お刺身です、私。今回は全体的にひと手間加えたもの。特に白身魚昆布〆のからすみ和えが最高でした。切子で飲む日本酒ロックもいつもより美味しく感じる。はあ。お疲れさまでした。

一人旅

以前もちょっと書きましたが、私の海外ロケは現地集合、現地バレが多い。たった一人で異国へ行き、たった一人で日本に帰ってくるのです。

と言ってももう十二分に大人ですから、私。別にそれ位全然大丈夫なのですが、唯一の天敵がトランジット。前にトランジットの際に起こった〝痛快ノンストップ短時間乗継冒険活劇〟を聞いていただいたのですが、私のこの一人トランジットには大なり小なりハプニングが必ずついてくる。何故だかね。

実は今もアメリカでトランジットの真っ最中。先ほどアメリカに着きまして。日本の夜中に出発して、今はこっちの夕方。これから国内線に乗り継ぐんですが、その間の空き時間がまさかの6時間半。うん、長いね。でも長いということは、こっちとしては超余裕のよっちゃん。時間があり余ってるわけですからね。ちょっと位のハプニングはむしろウェルカム気分。

今回日本ではこの国内線のチェックインが出来なかったので、出国の際空港のお姉さんに聞いた説明満載の地図を片手にチェックインカウンターに向かいました。まずアメリカに到着したらいつもの入国審査を済ます。以前アメリカの乗り継ぎでなかなか通してもらえず、結局乗り継ぎに間に合わなかったことがあったのですが、今回はまったく焦る必要がないもんで。もう一回言いますが6時間半あるから。係りの人の「ショクギョウ　ナンデスカ？」的な質問にもいつも「カイシャイン」的な答えをするのですが（一応マセキ芸能社の社員ということで）今回は「コメディエンヌ」と言ってみた。そうしたら「オウ！　コメディエンヌ？　ナラバ　アメリカノ〇〇ッテ言ウ　コメディアン知ッテルカ？」みたいに食いつかれて。話弾んじゃったりして。やだわ、こういう時に限ってスムーズに通っちゃうのよねぇ。

お次は国内線のチェックインカウンターのあるターミナル行きのシャトル電車に乗り込む。よしよし。順調順調。駅に着いて、目の前にあるエレベーターに乗り……あれ？　説明受けた時に矢印まで描いてもらったチェックインカウンターのある3階行きのエレベーターがないよ。エレベーターがないどころか数ある各ゲート行きのエスカレーターやら別の電車やら、進む方向の選択肢がメチャクチャあるよ。しかも乗り継ぎ便の時間が先過ぎて、まだ電光掲示板にゲート案内が出ていないよ。でも駅だから係の人がいないから誰にも聞けないよ。というわけで結局私はどこに行ったらいいのかわからないよ。

はいハプニング発生！　でも大丈夫。何度も申し訳ありませんが私には6時間半あるんだから。一休さんのように頭の中で木魚をポクポク鳴らして数分。チーン。ひらめいた。私が乗る航空会社の飛行機の出発ゲートがどこか見てみよう！

考えた割に誰でも思いつくような答えで失礼しました。残念ながらゲートは三か所使われていたので、一か所に絞ることはできませんでしたが、とりあえずあてずっぽうで一番出発の多かった〝ゲートG〟に向かってみる。

さ、ここからは頭の中で「はじめてのおつかい」のテーマソングをかけながらお読みください。

♪ドレミファ　ドレミファ　ドッドドレミファ　だぁ〜れにも内緒でお出かけなのよ
45歳のあさこちゃん。一生懸命〝ゲートG〟の表示を追っかけます。もう一度空港内の電車に乗ってちょっと移動。あ、たまたま会った日本人に話しかけられた！　あさこちゃん、目的地、忘れちゃわないかな？……ほっ。無事にまた進み始めましたよ。Gの矢印をちゃんと追っかけています。しばらく歩いて、長いエスカレーター乗って……よし、着きました。ゲートG。

さあ、あとは最大の目的。チェックイン。上手に出来るかなぁ？　あさこちゃん、乗る航空会社の乗り場にいたお姉さんに聞いてサービスカウンターを教えてもらいましたよ。お兄さんに乗る便の書いてある紙を見せて「アイ　ウォント　チェックイン！」おお！　あさこちゃんの棒読みの英語が通じたようです。本当にチケットか認識するまでちょっと時間のかかるようなペラッペラな紙を渡されました。あさこちゃん、しばらくその紙に書いてあることを首をかしげながら見ています。たくさん書いてある英語の中から「ＳＥＡＴ　12Ｄ」の表記を発見！　無事にチケットゲットォ！

ま、そんなこんなあっての今です。そこそこ大冒険でしたが1時間程度で終わってしまったもので、あと……5時間半あります。というわけで只今空港内のレストランで何という料理かわからないけどなんか鮭をメチャクチャにしたモノをツマミに、異国の濃いめのビールをチビリチビリ飲ませていただいております。

あさこちゃん45歳。一人旅も慣れてきたものです。

ってのんびりしてる場合じゃないぞ。これで夜中出発して早朝ロケ地に到着したら、またあんな事やこんな事。いろんな恐ろしきアクティビティちゃんたちが待ってるんだった。

ああ、一難去ってまた一難？　頑張ってきますです。

〈今日の乾杯〉コラムに書きました〝鮭をメチャクチャにしたモノ〟にはビール。つたない英語でも、こういうのはオーダー出来る私。フフフ。これでパワーをチャージして戦いに行ってきました。

夏休み

毎年24時間テレビが終わると一気に〝夏、終わるぜ！　感〟が強まる。今年も45歳のババアはいっぱい汗かいて、散々泣きまくって。全身の水分という水分が外に出切った後、帰りによく冷えた日本酒をたしなむ程度……の１００倍飲みましての水分補給。こうして私の今年の夏、終わりました。

それにしても〝夏休み〟っていつからなくなったんだろう。いや、普通の休みはあるんですよ。でも普通の、だから。夏休み感はもちろんゼロ。例えばフェスとやらに行ってハッスルしたり、おニューの水着着て海ではしゃぐとか。混雑の空港で「どこ行くんですか？」なんてインタビュー受けながら異国へ出発とか、ね。

ただ今年は別。〝夏らしさ〟こそないのですが、ちょいと夏休みっぽい日がありました。そうです。お盆休みに旅行ってきました。しかも家族旅行。あ、ただオアシズ大久保さんのご家族と、ですが。ってこのくだりお正月にもやった気がします。はい。

ある日ロケが急になくなり一日休みになりまして。そしたら大久保さんから連絡があって、ちょうどその日に「親戚も含めた家族旅行で温泉でも行こうなんて話してるんだけど一緒にいかが？」とどこか「WOW WAR TONIGHT」を彷彿とさせるお誘いが。いつもは地元の同級生とかが一緒に行ってるらしいですが、今年は誰も予定が合わず。わたくしにお供の大役がまわってきたのです。

　プライベートで温泉旅行なんて本当に久しぶりなので朝からかなりワクワク。ただその日はお盆で全交通機関が混雑しまくりんぐの時。高速道路も帰省ラッシュ真っただ中だったのですが、ニュースを観たらその日の午前中がピークとのこと。なので車で行くことにしてお昼すぎに出発。私の愛車でまず大久保さんをお迎え。更に神奈川にお住まいのおばさまをピックアップして一路温泉へ。

　朝からどんより曇っていてあまりよいお天気じゃなかったのですが、不思議と車の走る先だけ雲が割れて晴れてきまして。幸先いいぞと運転すること2時間半。今回の目的地・箱根の温泉宿に到着。ホテルに着いて窓を開けると、すっかりお天気もよくなっていて。しかも目の前に広がる濃い目の緑の景色のど真ん中にキレイな虹がかかってるじゃありませんか。思わず「虹が出てるんだからきっといいことありますよ！」と興奮気味に大久保さんに言ったら「『虹が出たからいいことがある』って言い出したらホントにおばさんだよ」ですって。でもそう言いながらなんだかんだで虹の写真を撮る大久保さん。憎めない方です。

　私たちが着いて30分位して、愛知方面からいらしたご実家チームも到着。大久保さんのご両親ともうお一人おばさま、そして大久保さんのいとこさん。これで今回の全メンバー7人が揃いました。道中なかなか汗かいたのでまずは温泉へ。夕方ではありましたが、まだまだ明るい。夕陽を浴びての露天風呂はより贅沢な感じがして本当に素敵です。それでは早速優雅にポチャン。温泉ロケさながらゆっくり肩にお湯でもかけましょか、と思いきやなかなか熱めのお湯。わたくし、うっかり熱いのダメなんですよねぇ。まさかの数分で飛び出し、あとは横の石に座るのみ。あ〜あ、もったいない。

その後のお楽しみと言えば晩御飯。浴衣に着替えてお食事処へ。代謝がいいのかなんなのかよくわかりませんが、あの一瞬の入浴による止まらぬ発汗でパリッとしていた浴衣もあっという間にビショビショに。そのままズブ濡れ浴衣でお食事処へ向かうと5名以上は個室とのこと。素敵。お部屋の前には大きく『大久保様』の札。畳の広めのお部屋です。やっぱり温泉宿のお料理は美味しいし楽しい。少しずついろんなものが出てきますもんね。そりゃお酒もすすんじゃいますよ。ま、温泉じゃなくてもすすんじゃいますが。

一通りお食事が終わると待ってましたのカラオケタイム。そのお食事をしたお部屋にカラオケがついておりましてせっかくだから歌おうか、と。お母さまとおばさまお二人は三姉妹。御三方に「いかがですか?」と歌本をお渡ししても「いやぁ、もう声とかでないし……」とご遠慮気味。それならばと大久保女史が最初の一曲を立候補。入れた曲はテレサ・テン「つぐない」。ええ、ええ。ちゃんとおばさま世代に合わせてきてますよ、大久保さんは。だって普段は堀ちえみ「夕暮れ気分」なんだから。合わせてきましたよ。なのにね、誰も聞いてない。あれ？　娘さん歌ってますよぉ～。盛り上げようと歌ってますよぉ～。

その間三姉妹は何をしてらっしゃるかと申しますと……歌本熟読。そうです。大久保さんが歌ったことでスイッチが入ったのです。だからある意味盛り上がったんですよね、ちゃんと。

その後は三姉妹の止まらぬリサイタル。それがね、皆さんかなりお上手。絶対喉に自信があったはずなのに「私なんて」と遠慮する。ああ、日本人の奥ゆかしさよ。

途中いとこ同士のヒロシ&キーボー「3年目の浮気」も挟んだりしながら夜も更けてゆき、大久保家の宴は終了。私は仕事で翌朝早く、一足お先に出てしまいましたが、本当にいっぱい笑った楽しい旅でした。

それにしても人んちの家族旅行なのに、図々しく家族ヅラして私、過ごせちゃうよねぇ。あ、お次はあなたの家族旅行に混ざってるかもしれませんよ。ウフフ。

〈今日の乾杯〉こないだ超贅沢な4年熟成のイベリコ豚の生ハムを食べに行きまして。奥にあるドングリの香りと喉にぶつかる旨味たち。ああ、女性も熟成した方が旨い、なんて言う殿方はおらんもんかしら。
よく冷えた白ワインで乾杯。

名曲

♪不思議な恋は　女の姿をして

ああ、素敵。中村雅俊さんの名曲「恋人も濡れる街角」の歌い出し。私が小6の時の大ヒット曲ですが、あの頃は幼くて歌詞の意味もよくわかってなかったけどなんか好きだった一曲。

この曲を聞いていた33年前は想像だにしてなかったですが、このたびこの曲が流れるCMに出させていただきまして。そのCMはあの缶コーヒーBOSS。あの宇宙人ジョーンズとの共演です。こんな歴史あるCMに自分が出られるとは思ってもいなかったので、正直テレビで流れているのを観るまで壮大なドッキリだと思っていた位。

CMで私の役は養鯉場の錦鯉。それも〝ブサイクで売れ残ってる鯉〟。そうです。不思議な〝鯉〟は女の姿をして……るわけなのです。ああ、最高のボキャブラ。

ブサイクゆえに売れ残り、他の鯉より一回り大きくなってしまった鯉。つまり私。でもある日奇跡が。なんとお金持ちが買ってくれるのです。すると売れていなくなったことで養鯉場の宇梶さんがブサイク鯉（私）の大切さに気づき追っかけてきて「帰ろう」と。最後は

「この惑星の愛は、失いかけて初めて気づく」でジョーンズ＆宇梶さんがＢＯＳＳをグビリとやって終わるのですが、観た方から「なんか泣いちゃいました」の感想が多数。確かに何かはっきりしない切なさがあるのはわかりますが。果たしてそれは曲のせいなのか。それとも私から発する悲しみのせいなのか。

Ｓｏｎｇ＆ＢＯＳＳという名曲とＢＯＳＳがコラボする新シリーズ。他にもミッツさん＆徳光さんバージョンにはちあきなおみ「喝采」。あばれる君バージョンは中島みゆき「時代」。なんでしょうね。いい曲が色褪せないこの感じ。全然古くならないというか。ま、20代の子にそのこと言ったら「ちゃんと古く聞こえてますよ」と言われてしまいましたが。

でもとにかくいい曲はいい曲。聞く年齢やら心境によって聞こえ方みたいなのは変わるとは思いますが、いつ聞いても変わらず心に染み入ってくるみたいな。

先月わたくしレベッカの復活コンサート＠横浜アリーナに行ってまいりまして。当時はコンサートに行ったことなかったので、生レベッカは初めて。こんなに何日も前からソワソワしたことがあったでしょうか。当日はもうソワソワ最高潮。コンサートが始まるのは19時なのに、意味なく15時半には新横浜駅に到着。ただ……多分ファンの方って私と同世代だと思うのでそれなりに年齢を重ねた方々のはず。だからかな？　まあ暑いし。人もいっぱいいてどこ行っても混んでるからそりゃそうだろ、なんですが……駅を見まわしてもレベッカ感ある人、ゼロ。むしろ夏休みで若い子ちゃんたちがお買い物袋持って普通にキャッキャッしてる通常の風景。

〝うっかりフライングババア〟と化したわたくしはあてもなくウロウロ。喫茶店に一個だけ空いてる席を見つけアイスコーヒーをチビチビしてみるも、やっぱりなんか落ち着かず外へ。でも結局すぐ灼熱地獄に負けてまた駅ビルの中へ避難。その繰り返し。どんだけ落ち着かないんだ、ホント。

でもそれだけ大好きだったんですよね、レベッカ。アルバムもメチャクチャ聞きまくりましたよ。レコードをカセットに録音してね。ＡＩＷＡのダブルカセットという夢のマシーンを手にいれた後は、好きな曲を好きな順番でダビングしてオリジナルのレベッカＢＥＳＴ作ったりして。

だから一曲目の「ＲＡＳＰＢＥＲＲＹ ＤＲＥＡＭ」のイントロが流れてきた時の興奮よ。感動よ。とにかく嬉しすぎて痺れすぎて涙が止まらなくなりました。自分でもびっくりしたんですが、何の曲が流れてきても全部歌えるんですよね。昨日やったこともよく覚えてないのに。アルバムの曲はもちろん2番も完璧に。ああ、それだけ大好きだったんだなぁって。

ただどうやら私、かなりハッスルしてたようで。のちにツイッターで見つけたのですが、私のお隣にいらした方が私のことを書いていて。「隣がいとうあさこだった。一曲目から大泣きし、最後まで踊り狂っていた」と。はい、その通りでした。すいません。

レベッカを聞きまくっていたあの頃は女子校で恋も何もなかったけど。曲を浴びたことでその何にもなかったけどただただ楽しかった青春時代を思い出し、胸がギューンッと締め付けられるような本当に最高で素敵な時間でした。

改めて思うと小さい頃っていろんなジャンルの曲を聞いてたなぁ。「ザ・ベストテン」とか音楽番組でアイドルの曲もニューミュージックも演歌も関係なくオールジャンル流れてましたから。いい時代だったと再確認。そして今でも色褪せない名曲たちは消えることなくいつも傍にいる。

さて、今日はどの名曲聞こうかな。いつ聞いてもイントロからギュンッってなる渡辺美里「My Revolution」かな。いや、しっとりユーミンのメロディに身を任せて薬師丸ひろ子「Woman〝Wの悲劇〟より」もいいなぁ。あ〜、季節的にオフコース「秋の気配」も捨てがたい。ん〜……よし。全部聞こう。

〈今日の乾杯〉赤い器の真ん中に真っ赤な生筋子の味噌漬け。初めて知りましたが、生筋子は秋の始まりをお知らせするものだそうで。筋子に味噌なんてコク&コク。いつも以上に日本酒グビグビ。ああ、幸せ。

TSUMAMI

先日大分にて何日かロケがありまして。途中ちょこちょこ空き時間もありましてね。結構プラプラしたんですよ。その時ありがたい事にあちこちでワタクシだと気づいていただきまして。そうするとね。決まってくださるんですよ、かぼす。

例えばちょっと小腹が空いて立ち寄った唐揚げ屋さんで帰り際「あさこちゃんじゃない！ちょっと待ってて！」と奥から持ってきてくださったのが、かぼす。「たっぷりかけて食べて！」とビニールに入れて渡してくださいました。泊まりの夜は仲間で飲みに行った浜焼き屋さんにて魚介類を焼いて飲んでいると「あらやだ！　あさこちゃんだぁ！」とこれまた奥に行って戻ってきたおかみさんの手には茶碗いっぱいの、かぼす。

そして宿にも突然の差し入れが届く。「飲んでください」のメッセージと共に箱パンパンの、かぼす。たくさんあったので、もうこうなったらやる事はひとつ。焼酎に搾り放題搾ってやりましたよ。最後は焼酎とかぼす果汁のどっちが多いかわからないくらいね。

ああ、役得。まさかのかぼす三昧。振り向けばいつもそこにはかぼすin大分、ですよ。本当にありがてぇ。

それにしても年齢を重ねれば重ねるほど、薬味系がどんどん好きになる自分がいます。かぼすを始め、すだちやゆずなどの柑橘類。みょうが、しそ、ネギ、生姜、ワサビなどなど。元々好きだったけど、今やもう〝好き〟が止まらない。きっとそこにはお酒という存在が影響しまくってるんでしょうけど。

このように大人になるにつれ、嗜好は大なり小なり変わっていく。でも小さい頃から変わらずずーっと好きなものがあります。それはいわゆる〝酒のツマミ〟です。

ちっちゃいあさこちゃんはもちろんお酒なんて飲めないけれど〝酒のツマミ〟が大好き。好きな食べ物を聞かれたら「ハンバーグ！」とか「スパゲッティ！」とか言えばカワイイのに「塩辛！」みたいな。

実はウチの塩辛は母の手作り。母はイカ一杯に対してワタをイカ二杯分使って作るので、ワタ多めで既製のものとはちょっと違っていて。イカも好きだったんですけど、そのビショビショのワタ部分が大好きでね。スプーンでワタのとこだけ絞るようにとって舐めていたのでよく怒られました。夜中に冷蔵庫の中のレーズンバターをこっそりつまんでいたのがバレて、母親に「この化け猫が！」と言われたこともあったなぁ。って普通に食べればいいのにね。その〝こっそり〟から背徳感も含め、大人の世界に片足突っ込んだ気分にでもなってたんですかね。

あと高級品・このわたを見つけた時なんかはもう小躍り。細長い瓶にお箸を突っ込んで一つとってみると、あれ？　あれれ？　このわたって一本が長いのね。内容量の半分以上が一箸でとれてしまった。そうなるともちろん……バレます。台所から聞こえる声は「誰？　このわた食べたの！」じゃなくて「あさこ！」。ウチでこんなコソ泥みたいなのはいなかったんですよね。そう、私は夜な夜な台所に出没する〝酒のツマミ〟ばかりを狙うちびっこキャッツアイ。

そんな幼少期をみたら、将来私が〝呑兵衛〟になるのは疑う余地なし。遺伝の観点からみても親、親戚、更にはその配偶者も。もっと言えば祖父母の代にも飲めない人がいない。遺伝的にはどの角度から見ても逃げ場なしです。

となるともちろん兄妹、いとこに至るまで呑兵衛しかいないウチの家系。その飲みっぷりが顕著に表れるのはやはり冠婚葬祭の場面。

例えば兄の結婚式の時は、呑兵衛一族が集まるので「好きなものを好きなだけ飲んでほしい」という兄の厚意に一族で乗っかり、飲み物代の追加料金が膨大なものになったとか。

妹の結婚式はホントに身内だけでやりまして。両家の親、兄弟、おばあちゃん。総勢15人位かな。まさかの日本酒一斗樽、空けましたからね。係のお兄さんが二人がかりで一斗樽を傾け、最後の一滴まで残すもんか！　の勢い。あれは爽快だったなぁ。

そんなこんなで今や親戚で残ってる結婚式は私だけ。多分親戚一同最後の結婚式という名の大宴会を首を長くして待ってたでしょうに、最近はさすがにあきらめたのかな。誰からも「いつ?」だの「まだ?」だの言われなくなりました。ハッ! もしや次の世代、つまり私の姪っ子たちの結婚式に希望を託しているのか? って結局私ももうそれ期待しちゃってありますが。

とにもかくにもワタクシいとうあさこはこの世に生を受けた時から酒飲みになるのは決まっていたんでしょうね。こうしてなるべくして酒飲みになった私の数奇な(?)運命を誰か小説とかで書いてみたりしないかしら。『大地の子』『永遠の仔』に続く『酒飲みの子』みたいな感じで。あ、でも今回自分で書いちゃったか。しかもこれで全部。オホホ。そんなこんなで、どうも。私が「酒飲みの子」です。どうぞよろしく。

〈今日の乾杯〉今回のTSUMAMIは銀杏の酒煎り。まだ早摘みの銀杏だから青々しくてフレッシュ。肌寒くなってこようが、相変わらず日本酒ロックと合わせて。ああ、日本って美味しい。

カラオケ

先日わたくし、かなり久しぶりにカラオケに行ってまいりまして。

とある夜、女優・佐藤仁美嬢と事務所の後輩・ニッチェがロケ終わりで飲むとのこと。そんな情報が耳に入ってきたら、あっしも酒飲みの端くれ。そりゃ馳せ参じちゃいますよ。下北の居酒屋さんに酒飲み四人衆が勢ぞろい。美味しいお刺身をツマミに、わたくしの定番・日本酒ロックをガブリガブリ。よい感じにお酒を〝たしなんだ〟頃、ニッチェ近藤が一言。「この後ちょっとだけ歌いません？」ま、だいたいこういう時の〝ちょっとだけ〟はほぼほぼウソになるわけですが。

というわけでたっぷり3時間歌ってまいりました。ニッチェの二人が歌上手いのは知ってましたが、仁美嬢がさらに上をいく上手さ。特にドリカムのクオリティの高さったら。「決戦は金曜日」のあの♪ウォウウォウ〜的なトコは震えましたよ。とにかく痺れるほど上手い。いや、上手すぎた。ホント。

ちなみにこういう時の私はと申しますと、ほとんど歌わずまさかの〝ダンサー〟と化す。一度部屋に入ったら決して座らず、部屋の端っこや椅子の上でひたすら踊るのです。ピンク・レディーやAKB48などは振り付け通りに。振り付けがない曲でもその曲のイメージで舞う。時折誰かに「あれ？　いとうさん歌ってなくないですか？」と気づかれると一曲熱唱し、またすぐに〝ダンサー〟に戻る。その繰り返し。歌うのが嫌いなわけではないんですけどね。結局音楽を前にしたら止まっていられないんですね、私。

3時間見事に、いや、勝手に踊りきった私のボディは髪まで汗でビッショビショ。ここまでずぶ濡れなら、片手に炭酸飲料とか持って更に30若くして顔無視したら爽やかなCMとか出来そうよ、もう。

それにしても今やカラオケなんてごくごく普通ですが、私が幼き頃は身近ではなかったなぁ。昔からあったんでしょうが、イメージとしてはお父さんがスナックで歌ってる、くらいで。

そんなカラオケを私が初めてしたのは忘れもしない19歳の時。予備校仲間10人くらいで初のカラオケボックスへ。ボーリング場の片隅にガラス張りで中丸見えのBOXがありまして。一応ドアはついているけれども外に音が漏れまくり状態。でもボーリング場自体が賑やかなので全然いいんですけどね。

とにかく緊張した。いやね、学生時代友達と二人でフォークデュオ「BALLOON」を結成して、フォークギター片手に文化祭なんかでは歌ってはいましたよ。オフコースとかT

HE ALFEEとか人前で弾き語っていましたよ。でもね、狭い空間でみんなかなりくっついている中、一人でマイク持って歌うのはまた違いますよ。

それにわたくしうっかり小中高女子校だったので、男子に不慣れと申しますか。予備校時代、一緒に授業も受けて普通に仲良しではあったのですが、いざ狭いBOXの中で男子と共にギューギューに座るというのは、もうドッキリんちょ以外の何物でもありません。ウブなあさこちゃんは緊張MAX。

そんなでしたから声もろくに出ません。そんなトゥーシャイシャイガールな私の人生初のカラオケ曲は、ドルドルドルドルドル（あ、ドラムロールです）ジャン！　TUBE「シーズン・イン・ザ・サン」！……恥ずかしくて声が出ないのに、何故この曲を選択したのか自分でもよくわかりませんが。海風を感じる広い砂浜を彷彿とさせるこの壮大な曲を、信じられないほどか細い声で震えて歌いました。はい。

あの頃はみんなもカラオケに慣れてないからか歌本見たりはしゃいだりせず、そんな私の「シーズン・イン・ザ・サン」に終始ちゃんと手拍子しながら最後まで聞いてくれました。歌い終わると「よかったよぉ」的な挨拶があり次の人にマイクが移動する。これが私のカラオケ初めてでした。

それからカラオケが少しずつ普通になってきて20代は飲みに行くとすぐ「カラオケちょっ

とだけ行かない？」となっておりました。「今日は80年代しばりね」とか「今夜はサザンだけ〜」とか言って懐かしの曲ばかり歌ったり。〝知らない曲でもなんとか歌いきる〟ゲームと称してランダムにメドレーを入れてとにかくマイクをみんなで回す。自分に来た曲がもし知らなくても自己流でいいから「知らな〜い」とか言わずにあたかも知ってる曲のように歌うという遊びをしたり。結構楽しいカラオケライフを満喫してました。

で、しばらくしてモー娘。の「LOVEマシーン」が出た頃からいろいろ振り付けを覚えだし、気づいたらほぼほぼ歌わず踊る人になっておりました。

時は経ち40代になると体力の低下なのかな。もう最近では飲んだ時はゆっくり喋りたいのでカラオケは行かず飲み屋さんでゆっくりしてバイバイが多くなってしまい、ほとんどカラオケしなくなっておりました。そんな折の酒飲み四人衆汗だく（ひとりだけ）カラオケは久々なのも相まって爽快ですっきり。いい運動したぁ！　みたいな気分でとても楽しかったです。また行きたいなぁ。ま、次回は汗対策の着替えのTシャツもちゃんと持ってね。

〈今日の乾杯〉もうこの時季は四の五の言わず結局サンマが美味しい。炙りとお刺身を一皿で。ちょっとコックリとした日本酒と共に。ああ、秋よ、ありがとう。

金婚式

先日両親の金婚式がございまして。金婚式ですよ。結婚50年ですよ。そりゃ娘である私も45になるわ。まあそれはさておき。とにもかくにも本当にすごくて、かつ本当に本当にめでたい日であります。

50年前の10月両親は結婚をし、九州へ新婚旅行したのがスタートだそうで。それから兄、私、妹が生まれ。なんやかんやありまして三兄妹は成長し、うち二人が伴侶を持ち。更に兄のところに二人、妹のところに一人女の子ちゃんが誕生。

その間にはもう亡くなってしまいましたが両親の両親、つまり祖父母4人とも健在でいっぱい可愛がってもらいましたし。あとこちらも今はいないですがワンコも2匹おりました。ビーグル犬のビーとコーギーのコー。シンプルネーム万歳。

そんなこんなで50年。伊藤家は只今10人でございます。その10人が一堂に会したお祝いの食事会がありまして。舞台はホテルのレストラン。しかも金婚式という大セレモニー。となるとさすがに他のみんなに聞いちゃうわけですよ。「何着てく？」と。皆さまのお答えは案の定レベル高めの装いばかり。義姉さんと一番おっきな中三の姪っ子ちゃんにいたってはまさかのお着物。

いやね、私だって持ってますよ。ワンピースの一枚や二枚。でもね全体的にだいぶカジュアルというか。だってもうなかなか結婚式とかないんですもの。ああ、大人になり過ぎたのね、私。

そんなこんなで一念発起してワンピースを買いに行くことに。それもデパートへ。しかもしかも今回は背伸びしてハイブランドと言われるお店を目指して。

実はわたくし45にしてハイブランドのお店に入ったこと、一度もなし。だって〝イイ〟お洋服を着て出かける場所やら機会やらが本当にないんですから。でも今回は特別。金婚式だもの。ホテルでお食事だもの。そして何より十分に大人だもの。一着くらい〝イイ〟服を買ってみよう。そういうわけです。

ただいざハイブランドのお店に入ろうとすると、かなり尻込みしちゃう。だって〝ここからお店です〟ライン、があるんだもの。そう、普通のデパートの床がお店に入るところでフカフカの絨毯に変わるんです。そのライン、越せない。何にも考えずいつも通りGパンにつっかけみたいな靴履いて行ってしまったから。いやね、いいと思うんですよ。格好なんてなんでも。でもどうしても最初の一歩が出ない。よし、じゃあとりあえず外からそのお店の洋服がどんな感じのやつかチェックしようではないか。いくぞ。……あれ？……よく見えない。

お洋服たちはお店の奥に飾ってある上に私は、乱視。ドレスがブレてよく見えない。ち、ちくしょー。よぉし。隣のお店で再チャレンジ。うん、見えない。何軒まわっても結果は同じ。というわけで数時間お店の前をウロウロしましたがいとうあさこ45歳、ハイブランド断念。

結局普通のフロアに移動して見つけた黒の薄い優しい生地のワンピースを購入。でもね。一応言わせていただくとハイブランドではないけれどそこそこお高めだったんですよ、いやらしい話。ざっくり言うと……居酒屋10回分くらいのお値段。ざっくり過ぎるか。何はともあれお気に入りの一着に会えまして。ホッと一安心。

でもってタイミングよく金婚式の2日前に後輩の結婚式がありまして。なかなか正装するチャンスもないですから。こりゃちょうどいい、と一足早くそのワンピを着ておでかけ。

それがなんと申しますか。運の尽き、とでも申しましょうか。お式から披露宴、二次会。全部出席したんですが。別に暴れたわけではないですよ、私。スピーチで「イライラする！」は言ったけども。ちゃんとしてましたよ。それがね、ウチ帰ってちょっと干しておこうと思ってハンガーにかけようとしたら、あれ？　脇のところ。しかも両側の脇のところが、ザックリ切れてる。薄い生地だからまるでストッキングが伝線したみたいにザーッと。ええ、そうです。直しようがないというか。二度と着られない状態です。後からスタイリストちゃんに聞いたら「〝イイ〟服は逆に生地が繊細なことが多いんですよぉ」とのこと。ああ、そうですか。そうなんですか。さよなら、飲み代10回分。いつかお前をリメイクしてやる！って技術ないけど。

というわけであっという間に金婚式で着る服を失った私は、結局当日の午前中隣町のお洋服屋さんに駆け込みまして。カジュアルダウンは否めませんが、ちょっとお袖が透けてる感じの綺麗なワンピースを購入。ああ、万事休す。

でも結局会が始まっちゃえば何を着てるかなんて二の次ですね。もちろんちゃんとした格好していくというのも、お祝いの気持ちの一部ではありますけどね。みんなでいろんな話をして、いっぱい笑って。そして思う存分飲みました。その後も場所を実家に移し更に飲む。17時半にスタートして、お開きはなんと夜中1時半過ぎ。いやはや、なんともよく飲む一家ですこと。

お父さん、お母さん。結婚50年おめでとう。おかげさまで子供はみんなお二人にそっくりな酒飲みに育ちました。そしてあと十数年で姪っ子たちもみんな成人して、また呑兵衛が増える予定です。だからまだまだ元気で。これからもたっぷり飲みましょう。

〈今日の乾杯〉金婚式のディナーの際、シェフが「こちらのポルチーニを使いまして……」と見せに来てくださいまして。初めて形を見ました。丸っこくてかわいらしいこと。このソテーをツマミに飲んだわけです。ああ、めでたい。

ディズニー

先日とても久しぶりにディズニーランドに行ってまいりまして。

その日は森三中・黒沢のお誕生日の前日。夕方に仕事を終えて、車で黒ちゃんをお迎えに。さあ、かずこ姫。お誕生日を迎える0時まであなた様の思いのままに。うふふ、まるでシンデレラ。

あさこ執事からプランを3つほどご提案。
①黒ちゃんはドライブがお好き。ということで鎌倉までドライブして海が見えるレストランでディナー。って夜だと真っ暗で海は見えませんが。
②黒ちゃんが30歳になった時も行った横浜の温泉プラン。みなとみらいで高速降りてすぐのところにある温泉施設・万葉倶楽部。その時も前日の夜に行き、0時のカウントダウンは屋上の足湯にて。目の前にある大きな観覧車のライトがキラキラ。さあいよいよ記念すべき30代の幕開け！　5・4・3・2・1・ハッピーバースデー！……の瞬間。観覧車のライトが一瞬で消え真っ暗に。知らなかったのですが0時の時報と共にライト消してるんですって。うっかり黒ちゃんの記念すべき30代のスタートなのに真っ暗。すまぬ。そのリベンジ（？）

プランです。

そしてラストは③夢の国プラン。そうです。アフター6パスポートでレッツゴー・ディズニーです。

黒ちゃんの答えは「ディズニー！」ほお。ではお次にランドかシーの選択。ザックリですがアトラクションのランドorゆっくりのシー。さあ、どうする？　すると迷わず「ランド！」今日の黒ちゃん、とっても元気です。

そんなわけでいざディズニーランドへ。あれなんなんでしょうね。シンデレラ城の突先が見えてきた時の興奮。何回行ってもそう。内側からこみあげてくる声にならない声を漏らしまくりながら無事到着。

その日は小雨で結構寒かったけど、さすがディズニー。週末&ハロウィンもあってか相変わらずのすごい人。18時過ぎてもどんどん皆さん、中へ入っていきます。

そんな流れに乗って私たちも入園。まず最初はグッズ売り場へ。これは私がディズニーに行くたび必ずするのですが、サングラスを購入するんです。サングラスをするとディズニー気分も一気に上がるし、人にも気づかれない。という一石二鳥パターン。ま、正直バレたところで何にもないんですけどね。１２０％の解放感と。ということで黒ちゃんは『モンスターズ・インク』のサリー、そして私は『トイ・ストーリー』のリトルグリーンメンのサングラスをチョイス。

それにしても本当に凄い賑わい。どこも110分、140分、170分待ち。いやね、ディズニーにしてはそんな時間でも大したことない、の部類だけども。ババアはすぐ膝が弱音吐いちゃうんでね。はてさて、どこ行こう、とプラプラ。まあそれだけでも十分楽しいんだけどね。

しばらく歩いているとミッキーのおウチを発見。お、たしかここはミッキーと写真が撮れるはず！　しかも短めの40分待ち！　こりゃ並ぶしかない！　ほとんどがお子さん連れのご家族の列にサングラスおばさん二人組紛れ込む、の巻。一歩一歩ミッキーのいる部屋に近づいていく。ワクワクしてるからですかねぇ。40分なんてあっという間。お騒がせ屋のお膝ちゃんも静かなもんです。一番奥の部屋で待っててくれたミッキーにテンションMAX！　ガサガサ声も100トーンくらい上がっちゃいます。「ミッキー！」年甲斐もなく駆け寄るとミッキーの優しいハグ。ああ、幸せ。今回はお誕生日記念！　ということでプロのカメラマンさんによる撮影をオーダー。なんと帰りに出口近くのカメラセンターにて素敵な台紙に貼った写真を受け取れるシステムが。早速2枚注文。記念その1です。

続いて記念その2もいきましょう。ランドでは一か所だけアトラクションの途中で写真をゲット出来るところがありまして。それは、スプラッシュ・マウンテン。うさぎどんのお話を楽しんでると最後にくる急降下。その躍動感溢るる落下の瞬間をパチリです。写真の出来栄えは？　と申しますと……異様、かな。いやね、他の皆さんがそれぞれ両手をあげたり、笑ったりしながら写る中、本気の悲鳴をあげてる完全怪しげなサングラスおばさんズ。お恥ずかしい。でもさすがサングラス効果。誰にもバレてない。

スプラッシュ・マウンテンの出口のところに写真の受け取りに行くと係の人がまっすぐ私を見て「レギュラーフレーム、トゥー？」え？　何故？　英語？　と戸惑ってるとかなりゆっくりもう一度。「レギュラァーフレェイムゥ、トウー？」「え？　あ、日本人です」「え？あ？　あ！　失礼しました！　通常のフレーム2枚でよろしかったですか？」あら。バレないどころかフォーリンピーポーに間違えられたわ。ああ。あなたにとって私はただの通りすがりの異邦人。どうも。

最後、〆にスペース・マウンテン&ミッキー様との3ショット写真を受け取りバイバイ・ディズニー。

さあ、黒ちゃんの36歳も残すところあと2時間弱。「電波少年」の無人島の時一緒だったチエキも合流して、和名〝宮廷のもてなし役〟のファミレスへ。夜遅くてお客さまもほとんどいない。よし。チエキがウチから持ってきてくれたメタリックの三角帽やアフロのヅラをそれぞれかぶりまして。黒ちゃんは主役だから更に首に金のモールを巻いちゃったり。もちろんディズニーのサングラスも装着。１１７で正確な時間をチェックしながらカウントダウン。人こそいないけど小さな声で。５・４・３・２・１・ハッピーバースデー！　黒ちゃんはお酒ダメだからドリンクバーで乾杯しました。

ディズニーにファミレス、なんてよく考えたらうっかりヤング感溢れるお誕生日だったね。でも〝半分少女〟どころか〝十二分大人〟な37歳。健康に留意してこれからも頑張ろうね。黒ちゃん、ホントにホントにおめでとう。

〈今日の乾杯〉先日名古屋の居酒屋さんでイクラの醤油漬けを頼むとお皿いっぱいに出てきた。みんなでこれをチビチビつまみながら熱燗をグビリ。ああ。冬がはじまるよ。

変化

先日わが劇団・山田ジャパンの公演がありまして。今回のタイトルは「矢と豆〜 Like a Star, new-one 〜」。矢と豆。この2文字をくっつけると「短」。そして副題のところを和訳するとStarは星、newは新、oneは一。つなげると「星新一」。要するに〝今回は短編集ですよ〟ということをよく言えばさりげなく、悪く言えば回りっくどく言ったタイトルなのです。

というわけで今回はショート3本仕立て。私は2本目に出演。役どころといたしましては紀子43歳。不倫中。仕事帰りよく立ち寄る中華屋さんでご飯を食べてると彼が突然やってきて「妻と別れる。結婚してほしい」と。でも変化が怖い、つまり「このまま」を望む紀子はさよならを選択する。とても悲しいシーンです。

「お前いくつになった？」「……43」「……そうか」

終演後、観に来てくれた同級生が「なんで2つサバ読んだの？」と大笑い。いやいや、あれ、あさこじゃないから。紀子だから。でも実はこの紀子、元の台本だと38歳だったんです。

というのもこの作品は再演。初演は２００９年。６年前です。その時も私がこの紀子役をやらせていただきまして。その時実年齢も38歳。しかもその時10年近く付き合っていた人と別れたばかりで。あ、不倫ではなかったですけどね。しかもしかも私は「このまま」を望んだけど彼が変化を望んだ、みたいな。とあるすれ違いというかズレが出来て急にお別れしちゃったもんで。ばっちりがっつり役とリンクしまくり状態。「お前いくつになった?」「……38」って年齢を言った途端にボロボロ泣き出しましてね、私。演出家にも「こんなに悲しい38は聞いたことない」と。

でも面白いもんで45歳になった今、もちろんその頃の感情と違うというのもありますが年齢を重ねた分、泣かない方が悲しいというか。むしろ少し微笑んでるくらいが逆につらく見えたりして。ずーっと深い悲しみが奥の方からにじみ出てくる感じっていうかね。ま、何を言っても同級生には笑われたわけですが。

ひとつの台本で6年間の変化を実感。体力などわかりやすい変化はもちろんですが、周りの環境・状況やら感情やらもちゃんと変わっていってるんだよね。いつの間にかね。

同じような経験が以前にも一度ありまして。それはサザンのコンサート。2008年夏。30周年記念というめでたさもありましたが、その時無期限の活動休止が発表になっておりまして。日産スタジアム4DAYSがその最後だったんです。

その頃の私はお笑いライブと深夜バイトに明け暮れる毎日。サザンはずっと大ファンで絶対行きたかったのですが、普段激ヒマのくせにそういう時に限って何か仕事が入ってて。いや、ありがたいんですよ。喉から手が出るほど仕事欲しがってたから。本当にありがたいんですけどね。そのタイミングの悪さというか。

でも神様は見ててくださった！　なんとそのお仕事の一つが前日の夜に急きょキャンセルになりまして。そこからのソワソワ、今でも忘れられません。ソワソワしてたら朝が来て。始発に飛び乗り一路日産スタジアムを目指す。そうです。当日券狙いです。どんなに焦っても電車のスピードは変わらないのに「急げ急げ！」と念じてみたり、車両の前方の壁を内側から押してみたり。動いてないのに汗だらだらかきながら。そんなこんなで日産スタジアムに着くとすでにすごい列。その最後尾を見つけて一人並ぶ。推定２００番目位。どんどん太陽が高くなってきて灼熱地獄になっても大丈夫。ただただ当日券ゲットを祈って待つのみ。

並ぶこと8時間とちょっと。世間がおやつを楽しむ頃、私の手にはチケットが。ええ、ええ。チケット、ゲットできたんです。しかも2枚。もう1枚はと申しますと、その頃お付き合いしていた殿方の分。彼は深夜バイト明けだったので「チケット取れたら連絡するから休んでて」と言って一人で並んでいたわけです。フフフ。献身的なイイ女ですこと、私。

そんなこんなで２００８年の夏は仕事こそほとんどなかったですが、素敵な彼がいて。そんな時でした。

そして5年が過ぎ２０１３年夏。私は再び日産スタジアムにおりました。活動休止をした場所から5年ぶりにサザンは活動を再開したのです。今度はちゃんとチケットも事前に買えまして。ちなみにその時の私はずいぶんお仕事もいただけるようになっておりまして。お隣や前後のお席の皆さんから声をかけていただいたりして。ただ隣に殿方の姿は、ないですが。公私どちらも5年前とはまったく違う状況。

しかも一曲目は「YaYa（あの時代を忘れない）」。

忘られぬ日々よ　忘られぬ日々よ

なんだかいろんな感情がいっぱい重なって大泣きしました。サザンの復活の嬉しさはもちろん、〝あの時代〟を思い出して胸がしめつけられるような切なさとか。まったくなかった仕事がいただけてることへの喜びも、大事なものを失った寂しさも。もうプラスもマイナスもごちゃまぜの複雑な涙。いやはや、〝変化〟ってすごい。

そんなわけでいいことばかりではないけど、やっぱりこれからも変化はしていきたい。もうすぐ今年も終わり。今年は何か変化はあったかな？　あ、そうか。アラフォーからアラフィフの仲間入りしたなぁ。……やっぱり変化はイヤかも。

〈今日の乾杯〉舞台終わってまずするのは大久保さんと飲むこと（笑）。いろんなキノコをバター醤油で炒めたのをツマミによく冷えた白ワイン。あ、もちろんこちらもロックでいただきます。はあー。お疲れさまでした。

戦場でメリークリスマス

クリスマス。いつから人々はこんなに早く動くようになったんだろう。

昔は12月入って少し経ってからデパートやら商店街で〝クリスマス〟の文字がチラホラ出てきて。「サンタさんに何お願いしようかな?」と純粋に思っていたのがいつ頃までかは定かではありませんが、毎年25日に向けてワクワクが日々上がっていったのは覚えています。

それが今ではハロウィンが終わってちょっと経った11月上旬くらいから、何かしら始まりますよね。まず、テーマパーク系がオレンジ色を一掃して全体を緑、赤、白に模様替えするのを皮切りに、デパートのウィンドウにクリスマスの装飾出現。コンビニのクリスマスケーキの予約のチラシが出だすと、今度はあちこちの街やビルでイルミネーションの点灯式をやっているニュースを目にするようになる。そして最後にウチのマンションの入り口にピカピカ電球のついたクリスマスツリーが飾られて、あさこ'sクリスマスが完成。そうやってジリジリとじっくり時間をかけてクリスマスが迫ってくるようになりました。

いやね、クリスマスは大好きなイベントだから早くから楽しめるのはいいいんですけどね。いいんですけど、やっぱりあまりに早いと体の中のクリスマスセンサーが戸惑うばかり。

ただ、カーレイディオからクリスマスソングが流れてくるのだけはいまだに季節に忠実な感じがする。クリスマスの数週間前から少しずつ「もうすぐですねぇ」なんてDJさんが話しながら曲をかける。勝手なイメージですが竹内まりや「すてきなホリデイ」やワム！「ラスト・クリスマス」は序の口。山下達郎「クリスマス・イブ」がかかったらいよいよ本番！的な。ウキウキやらソワソワやらイライラやら。あ〜あ。あと20歳若かったら真っ赤な服にヒョウ柄の帽子かぶって、長細いプレゼント持ってJRの駅の柱に隠れるんだけどなぁ。あ、どうも。牧瀬あさこです。

私は小中高と学校がカトリックだったのでクリスマスはとりわけ静かで厳かなイベントでした。学校のお御堂（みどう）と呼ばれる教会のようなところでみんなで賛美歌を歌ったりして。

卒業後のわたくしは〝マニア〟と呼ばれる殿方たちと出会いまして。まさかの38歳まで「彼氏」という存在には恵まれ。ただご存じのとおり皆さま〝働かない〟という共通点がありましたから。そうなるとクリスマスは時給が上がる絶好のチャンスなので、何の躊躇も疑問もなくガッツリ働くことになっちゃうわけですよ。イチャイチャカップルにクリスマスディナーをお給仕したり、夜中食べにいらしたタクシーの運転手さんに励まされながら牛めしよそったり。でも、もう一度言いますけれども帰ったらいるわけですから、彼氏。おウチで晩御飯を……いえ、私を待ってるわけですからね。バイト先で買ったブッシュドノエルを手土産に帰って乾杯したりして。それはそれで、ちっちゃいながらも幸せをうっすらですが感じておりました。

でも38歳でその「彼氏」が途絶えてからはすぐ〝妬み期〟に突入。そうです。この時期イチャイチャしてるカップルさんを見たら、ベタに二人の間を割って通ってみたりなんかしちゃったりなんかしちゃったりして。今思うともうそこそこ大人なのにね。何やってるんでしょうね。

それも年月を更に重ねるとお次は〝哀しみ期〟に。特にイブ当日に一人だと思われたくなくて、街で一人で歩いている男の人を見つけたら、ちょいと斜め後ろ辺りを歩いてみる。ええ、そうです。カップルだと思わせるんです。「私、この人の彼女です！」感だして。まあ結局誰もこっちなんか見てないんですけど。

ただ今はもうそんな時期も過ぎ去り穏やかなもんですよ、ホントに。街で寄り添うカップルちゃんがいても微笑んで見ていられますもん。「お幸せに」なんて心の中でつぶやいたりして。それはそれで逆に何かヤバい気もしますが。もう私は次のステージに行った、ということで。ん？　そのステージって何？　どこ？　という質問は無視するとして。

そんなこんなで会う人会う人にニヤニヤ「イブどうするんですかぁ？」と聞かれるこの時季。昨年は夜中まで生放送でそのまま始発で異国ロケへ旅立ちました。さて今年はと申しますと、ファンのみなさまご安心を。仕事です。

……また今年もどうでもいい情報を失礼いたしました。今年もまさかの夜中までの収録。しかも女芸人大集合らしく。ただね、生放送で「もぉ～！　イブに予定あったらどうすんですかぁ？」的なボケを言う感じではなくて、本当に通常の収録。たまたま収録日がイブなだけ。いやね、ありがたいんですよ。どうせ「仕事早く終わったら何かあんの？」って聞かれても大久保さんと飲むだけですし。しかもその大久保さんも同じ収録にいらっしゃるようですし。その上翌朝もこれまた始発でロケに向かうので、今年もちゃんとクリスマス感がないクリスマスになる予感１２０％です。

ああ、その収録の女芸人ちゃんたちの瞳の奥に哀しみ・寂しさ・妬み嫉みがにじみ出ませんように。トークの戦場から、メリークリスマス。

〈今日の乾杯〉マグロと花わさびの醤油漬け。辛味、爽やかさ、マグロの脂のコクとでもちろんお酒たっぷりおかわり。あ、赤と緑で一応クリスマスカラーってことで。フフフ、素敵でしょ？

ババアあさこの備忘録2015

『備忘録』忘れた時の用意に要件などを書き留めておく帳面。メモ。

すっかり〝忘却探偵〟ならぬ〝忘却ババア〟と化したわたくし。こないだの夜、とうとう朝食べたものを思い出すのに32分苦しみましたからね。そんな私の2015年はどんな年だったか。脳の若返りも期待してちょいと思い出させていただきます。

紅白の中継も入ったサザンの年越しライブ@横浜アリーナでスタートした2015年。大好きな音楽と会場内に溢れかえるエネルギーのおかげで、放電出来るくらいパンパンに充電を済ませた状態で始まりました。

ただ毎年恒例「イッテQメンバー運勢ランキング2015」で私は10人中第7位。『特に変化のない1年』と。でもね……あの時の占い師さ〜ん！　当たらなかったですよぉ！　なぜなら！

今年の出来事その1『わがままボディのわがままが止まらなくなった事件』だから。そうです。ボデーに変化がございましたのです。いやね、別に元々細かないですよ。割と若い頃から「中肉中背」「筋肉質」という言葉を盾に自分の体形から目をそらしてまいりました。

それが今年一段とシルエットが変わったというか。現場で会う人会う人に「おっきくなりましたよね？」と言われること数知れず。自分としては何か食生活が変わったとか、寂しさに耐えられず浴びるように酒を飲んだ、などそういうようなことも特になく。ま、浴びるように飲む、に近い毎日は過ごしておりますが。それはさておき。もう〝代謝が悪くなった〟以外思いつきません。

とは言え……いや、だからこそか。〝裸の仕事〟が多かった今年。あ、言うまでもないですが〝セクシー〟じゃなくて〝おもしろ〟の方のね。「ニップレス＆パンツ一丁でボディペインティング」「Tバック穿いたお尻に大量のグミをバズーカ砲で撃ち込まれる」「お腹にトイレのすっぽんをつけて人2人を乗せた台車を引っ張る」などなど。

そんなVTRを観た先輩にこないだ言われました。「もうお前の裸にひかなくなったよ」と。これは〝うっかり〟……いえ、〝ちゃんと〟お笑いのボディに仕上がったってことよね。こう言っていただいたのは仕事的には正直かなり嬉しいけどもね。オンナ的には……ねぇ。ああ、わがままボディのわがまま、もう誰も止められない。

お次は『ハンドクリームの香り変えちゃう夏かもね事件』。これはつい先日の出来事。楽屋で大好きなレモングラスの香りのハンドクリームをたっぷり手に塗っていたところ、あとから入ってきたマネージャーが一言。「あれ？　この部屋なんか生姜くさくないですか？」

……生姜？　あ、そうか。私さっき生姜焼き弁当食べ……てないぞ。ジャーマネにおそるおそる手を嗅いでもらうと、若い澄んだ瞳をキラキラさせて「はいっ！　これです！」いやいやいや。これ、生姜じゃないんです。レモングラスなんです。いや、生姜も好きな匂いだけれども。ってことはですよ。私の、せい？　そういう、こと？　いや、きっと表記は「レモングラス」って書いてあるけど海外製のヤツだし匂いがちょっと違うのかもね。そうだ。若きジャーマネちゃんよ。試しにあなたの手につけてみなさいな。塗り塗り。塗り塗り。クンクン……あれ？　レモングラスだ。ああ、やはり。私の体から発するモノがレモングラスを生姜にさせているんだ。はい、観念します。♪チャチャチャチャチャッチャチャー　勇者イトウはまた一つ〝加齢〟を手に入れた。少し強くなった。

ラストは『とうとうアレ、見に行っちゃった事件』。なんだと思います？　そうです、お墓です。あ、ロケでですよ、一応。実際年齢的にも考えるところもあったりしまして。そんな折、同世代の先輩であり親友の大久保佳代子嬢と南葉山の霊園を見に行くお話をいただいたのです。

これがねぇ、実際に見に行ってみるとなかなか面白かったです。今や墓石の形や色がホントに様々。昔ながらの長細い石に「〇〇家」みたいなベーシックなものももちろん多いのですが、その人の生前好きだったものをかたどったものもちらほら。例えばピアノとかゴルフとかギターとか。となると私の好きなものは、一升瓶。うん、なんか長細くて名前書きやすそう。

　他にも日当たり、海が見える、ペット可などなど。こだわりだしたらキリがない感じ。なんか普通に家を探してるみたいで楽しくなっちゃいましてね。「(大久保さんと)お墓並んでるのは気持ち悪いから一列ずらして。でも同じ太陽の方見る向きにしよう」とか「近くに美味しいお蕎麦屋さんあったら後輩がお参りに来てくれるかなぁ」なんてババア、墓場でキャッキャッするの巻。よく考えたら「生涯一人」前提で話してるから、本当は笑ってする話じゃないですけどね。

　そんなこんなでまた一段、いや数段〝おとなの階段〟のぼったことを実感した2015年でございました。来年は外側はもう十分なので、内側がもっとでっかくなるように頑張ろうと思いますので、どうぞよろしくお願いいたします。それでは皆様、よいお年をおむかえくださいませませです。

〈今日の乾杯〉香箱ガニでございます。小さいことをいいことにお店の方が身と内子、外子をキレイに出してくれるのも、めんどくさがりの私には嬉しい一品。どんなに寒くなっても日本酒ロックで乾杯です。

食べ正月飲み正月

2016年の始まりは幸せの中で始まりました。大阪城ホールで行われたaikoちゃんのカウントダウンライブに行ってきまして。大好きな「キラキラ」も聞けたし、隣の席aikoちゃんのお父さんだったたし、たっぷり4時間半やってくれたし。途中踊りまくり過ぎてきっと目をつぶって陶酔してたんでしょうね。ふと目を開けたらみんなでお揃いの動きしていて、まさかの一人別行動になってしまった瞬間もあったりもしたけども。とにかくエネルギー爆発のaikoちゃんに力200%もらいました。そしてあれだけステージの端から端まで走り回って全然息が乱れず歌うaikoちゃんを見習って「今年は私もジムでも行くか!」と、絶対果たされないであろうと初日に確信できるような目標も一度は口にしてみたりして。

だって、論より証拠。ライブ終了後、ホテルへ戻ると午前3時。とっくに年は越しておりましたが〝年越しそば〟を言い訳にどん兵衛の天ぷらそばをビールと共に食し。なのにそこのホテルの朝食バイキングの目玉が卵かけご飯だと聞くと、7時半には起きて「不思議とお腹すいてきたぁ」なんて言いながらガッツリ朝食。そして昼過ぎには東京に戻り、夕方から私の家にてやる新年会で、冷蔵庫に入りきらずベランダの冷気に頼ったほど大量の食材とお酒がすべてなくなる位、エンドレス飲み食い状態に。

そうです。今年のお正月は寝正月ならぬ（だってほとんど寝てないんだから）〝食べ正月飲み正月〟。ここから始まったのです。

今年のお正月旅行は3年ぶりの海外。韓国へ2泊3日で行ってまいりました。メンバーはもちろんオアシズ大久保さんと。そして今年はいろんな意味で強力な方がもうおひとり。島崎和歌子姉さん。

そんな三人旅。目的はずばり〝飲み食い〟。あまりショッピングに興味がない三人はとにかく美味い食事と美味いお酒を求めて韓国に行ってきました。

〝飲み食い〟は出発の空港からスタート。空港で行きつけのおでん屋さんへ。おでんをつまみに生ビールをかけつけ2杯。軽いジャブ、ですね。

機内ではもちろん缶ビール。和歌子さん曰く「ビールはお酒じゃない。炭酸水」だそうで。うん、名言。

そんなこんなであっという間に韓国到着。ホテルに向かう車の中で先に韓国に来ていた森三中・黒沢に電話。〝コーディネーター黒沢〟は韓国通で詳しい。リクエストはただ一つ。

「美味しい晩御飯が食べたい」

韓国には本当に美味しいものが山ほど。タッカンマリ、スンドゥブチゲ、ポッサム、サムゲタンなどなど。

そんな中から初日はプデチゲに決定。スパム・ソーセージやインスタントラーメンなどを旨辛いスープで煮込んだお鍋です。あまりの美味しさにむさぼるように鍋をつつき、その横にはもちろんお酒。「CASS（カス）」と言う韓国ビールを「カス！　カスカスカス！」とオードリー春日のカスカスダンスを真似てゲラゲラ笑いながら浴びるように飲み。更にはマッコリのボトルを「飲みやすいよねぇ」と何本も空けていく。

でもババアの宴はこんなことじゃ終わらない。その後お勧めのホルモン焼き屋さんがある、とコーディネーター黒沢からの提案。でも麺でお腹いっぱいになった三人。「え〜、もう食べられないよぉ」と文句を垂れながら一応移動。「二人前あれば十分だよ」と言いながら結局追加注文を重ねたっぷりのホルモンとカス＆マッコリをお腹に収める。

例年の大久保＆あさこ正月旅行だったらおそらくここでホテル帰ってゆっくりするでしょう。でも今年は違う。だってもう一人、豪傑ババア……いや、和歌子姉さんがいるから。街に響く一声。「はい！　もう一軒いくよ！」ここで黒沢、脱走。正解。だってもう十分なんですもの。ただうちらは逃げられない。何故なら今回お風呂とかめんどくさいしどうせ寝るだけだから、とホテルは横並びでシングル３部屋とりまして。一心同体ババア隊、ですから。

というわけでもう一軒、日本風居酒屋へ。

「お兄さん！　マッコリ！」「スイマセン。マッコリ、ナイ」「なんでマッコリないんだよ！じゃあビール！」もうノンストップ和歌子です。目の前に並ぶ山盛りの小エビの唐揚げをツマミに生ビールを飲み干していく。ただ胃は正直。しばらくしてとうとう唐揚げに箸がのびなくなり、やっと和歌子姉さんはホテルへ戻ることを決心。部屋の前でみんなそれぞれ鍵を探していたところ悪魔の声が。「誰かの部屋で飲む？」凍る佳代子&あさこ。その時大量に荷物を持っていた豪傑姉さんの手元から水のペットボトルがポトリ。今だ！　その瞬間二人は部屋に逃げ込む。「ちょっとぉ〜！」異常に通る声が廊下から聞こえた。姉さん、ごめんね。

次の日も姉さんは衰えない。お昼から行ったスパでヨモギ蒸しからのマッサージの後、併設の食堂にてスンドゥブチゲ。それと、カス。この飲みスタートは15時半。そこから韓国料理屋さん↓韓国居酒屋↓カラオケ（日本の曲も満載）↓最後は〆のラーメンならぬ〆のソルロンタンで解散したのは夜中3時過ぎ。

翌日昼過ぎの飛行機で帰る前も空港にてチゲ&マッコリ。もちろんたっぷりと。

2泊3日で韓国じゅうのお酒を飲み干したんじゃないかと思うほど、飲んで食って食って飲んで。結果笑いと酒の絶えない相当楽しい満喫旅でした。

その代償、かな。もうあさこの丸みが止まらない。ああ、やっぱり今年はジム、行くことになりそうです。

〈今日の乾杯〉韓国料理屋さんでいただいたジョン。薄衣焼き、と言った感じでしょうか。野菜にお豆腐、牡蠣などなど。どうですか？　これじゃマッコリ止まらなくなるでしょ？

お伊勢参り

２０１６年も始まり今年もよき一年になりますように、アジアン馬場園と伊勢神宮に行ってまいりました。伊勢にはロケで何度も行っておりますが、プライベートは初めて。

品川から新幹線で名古屋に出て近鉄で伊勢市駅へ。そこから更にバスで向かいます。もうちょっとした旅ですよねぇ。となると朝からワクワクが止まらない。ワクワクが止まらないとなると駅で売店に駆け込んじゃう。んでもって売店に駆け込んじゃうとなると……缶ビール買っちゃう。いや、お清めですよ、お清め。物は言いよう。お清めです。

この日はお天気も本当によく、新幹線の窓から見える青い空とくっきりとした富士山はビールをより美味しくしてくれます。

家を出て４時間。美しき金色（注：「こんじき」と読んでください）の酒で全身清めた私は気づくと伊勢の地に立っていた。

あ、すいません。最近小説読み過ぎてそれっぽく書きたくなっちゃった。それはいいとして。

よく考えたら伊勢神宮の参拝の仕方というか。外宮（げくう）、内宮（ないくう）とかありますし。お恥ずかしながら全然知らず。本やらネットやらで調べると「こうしなさい」だの「これはなくてもいい」だの本当に様々なやり方が載っている。日帰りの為、時間の制約もあるので私たちは協議の結果、とりあえず内宮を目指す事にしました。

その内宮に行く手前でバスを途中下車。猿田彦神社に寄る為です。ここは〝みちひらき〟の神様とのこと。自分が進むべき道が開かれていく感じがしていいですよね。しかもその境内には芸能の神様も祀られております。そりゃあ女芸人二人、入念にお参りしていきますよ。ええ。

そしてそこから歩くこと15分。伊勢神宮内宮の鳥居が見えてきました。

なんでしょうね。空気が違う気がする。とにかくいい空気というか。ゆっくり深呼吸。「なんだかこの空気吸っただけで、体の中が清められるというか。不思議と落ち着くね」なんて話しながら歩いていると、前日の雨でビショビショになった砂利が人に蹴り上げられてやたらと履いているショートブーツの中に入ってくる。玉入れだったらこっちのチーム絶対勝ち的な位。何回靴脱いで小石を除いても次々に砂利が。ああ、イライラする！……ハッ！全然落ち着いてないじゃない、私。

途中五十鈴川の御手洗場で手を清めてから一番奥の正宮へ。いろいろお願いしようとあれやこれや考えていたけど、いざお参りする時には結局この一言。

「よろしくお願いします」

今年一年頑張りますのでどうぞよろしくお願いいたします、と。

お参りを済ますとなんか本当にスッキリしちゃってね。体も軽くすら感じて。足取り軽く次に向かうところは、おはらい町です。伊勢神宮の鳥居前町として栄えたところで沿道の両側には無数のお店がひろがる素敵な場所。ここですることはただ一つ。飲み歩きです。だって伊勢神宮のお膝元でお酒いただいたら本当に清められるような気がしません？

昔ながらの街並みと両側からくる伊勢名物たちのいい香りで、最初からテンション上がりっぱなし。そんなウキウキ気分で最初に向かうのは白鷹三宅商店さん。〝白鷹〟は全国で唯一神宮御料酒として毎日お供えされている日本酒。お清め旅のスタートには最適です。まず一合と五勺のおちょこが出てきて「どちらがいいですか？」と。「ん〜」ちょっと迷った〝ふり〟した結果「一合で」。最初から決まってましたよ、もちろん。立ち飲みカウンターに置かれた一合おちょこ。そこにお姉さんがなみなみと注いでくださる。なみなみってホントになみなみなんですよ。いわゆる表面張力を更に越し、受け皿がない分少しカウンターにこぼれちゃうくらい。そしてお姉さんが一言。「口でお迎えに行ってください」。普通だとちょっとお行儀が悪い飲み方だと思ってしまいますが、お姉さんに伺うと神様のお酒なので逆にこちら側からお迎えに行くのです、とのこと。それでは失礼して。ちょいと腰をかがめておちょこのとこへ。ほんのり樽の香りのする純米酒。その樽の香りを楽しみながら一口吸うように飲む。ああ。体にしみわたっていくじゃないの。

ゆっくりと一合飲み干し、いよいよ食べ歩きスタート。まずたっぷりのタルタルソース付きカキフライを購入。ああ、サクサクかつジューシー。少し行くと焼き栗屋さんのおじさんがウチラに気づいてくれて焼き栗5個をいただく。あれ？　もう運が向いてきた？　ハフハフ食べながら歩いているとおかげ横丁に到着。体も冷え切っていたし、そろそろ座りたいババアたちは暖簾をくぐってお寿司屋さんへ。鰆やボタン海老など地のモノはもちろん松阪牛も握っていただきまして。お酒はもちろん伊勢の地酒でね。

居心地が良すぎてうっかり1時間半くらいいたのかな。外に出てきたら真っ暗で寒さも倍増。お店もほとんどが閉まる中「最後の2本！」と松坂牛串焼きを売る声が。せっかくだからと馬場園が買ってくれて1本ずついただきながら歩く。

となるとやっぱり〝飲み物〟が欲しいよね。そんな時ちょうどいいタイミングで見えて来た地ビール屋さんの看板。たずねるとまだやってるとの事。というわけでこの旅の〆です。松阪牛のいい後味をツマミに伊勢の地ビールをゴクゴクゴク。あぁ、幸せだわ。ホントに。

お参りで清め、お酒で清め。透明になるくらい清まった２０１６年の私はきっと最強！

……でありますように。

〈今日の乾杯〉白鷹を飲んでいるとスッと出されるのがお塩。岩戸の塩という海水のみで作られた旨み抜群のお塩です。シンプルだけど最高の組み合わせ。ああ、私、大人だわ。

犬

オンナの一人暮らしの大敵。それは、犬。

「犬なんか飼っちゃうと婚期遅れるよ」ってよく言われます。まあすでにもう婚期は遅れまくっておりますから、飼っちゃえばいいって話なんですけどね。

正直何度もこの問題と戦ってきました。わたくし大の犬好きなもので。ベタですがペットショップの前なんか通りがかったらもうダメ。窓ガラスに張り付いてヒィヒィ言うわけですよ。「かわいいっ！」とか「やだ！　どうしよう！　あの子と目が合っちゃった！」とか。そういう時は20歳も若い私のマネージャーが「あさこさん！　絶対お店の中入っちゃダメですよ！」と私を止めてくれる。

でもその誘惑って犬だけじゃないんですよね。猫も大好きですし。いろんな収録で〝ゲストの方の好きな動物〟ということでいろんな動物と触れ合っちゃうわけですよ。ウサギ、サル、フクロウ、ミニ豚などなど。そのたびに連れて来たペットショップの方が「意外と飼いやすいんですよぉ」的な事をおっしゃるもんでね。そうなると一瞬「あ、そうですかぁ？」なんて心が揺らいじゃったりなんかしちゃったりして。

でもそのたびに自分を厳しく律してきました。〝婚期遅れ問題〟もありますが、やっぱり仕事時間もバラバラで、ほとんど家にいませんからね。自分のほんのひと時の癒しの為に、ずっと寂しい思いさせるっていうのもね。なんか申し訳ない、と。そう思うようにして〝飼いたい〟という気持ちを抑えてきました。

でもそんな中、一番身近な人がとうとう犬を飼いまして。オアシズ大久保さんです。チワックスと言うチワワとダックスのミックスだそうで。とにかくねぇ、かわいいんですよ。まだ1kgあるかないかくらいちっちゃくて。フローリングの床を爪でカチカチいわせて走り回ってるんです。

いやね、大久保さんもずっと迷ってたんですよ。飲むたびに「犬だけはやめようね」「犬だけは我慢しよう」とお互い声を掛け合っておりました。でもね、なんかご縁というか。タイミングってあるんですね。大久保さんも元々犬が大好きで、近所の犬をかわいがったり。会ったこともない人のワンコをネットで見かけてもう夢中。まるで自分の飼ってる犬のように携帯の待ち受け画面にしたり。

そんな中、昨年とある収録で光浦さんからワンコ用のクッションと首輪だけいただいて。もちろん犬はいないから犬のぬいぐるみに首輪つけてクッションに座らせておりました。そんなタイミングで何故だかペットショップのロケが増え、実際にワンコ抱いちゃったりするもんだからもう我慢できなくなったんでしょうねぇ。

ある日メールが入ったんです。

「どうしよう。予約金、入れてきちゃった」

どうやらまたペットショップにロケに行って、とうとう佳代子は止まらなくなったのです。

「ま、予約だからちゃんと正式なお返事しないとなんだけどね」と言いつつも結局、と言うか案の定、すぐに〝正式なお返事〟をして一週間後大久保邸にワンコ・パコ美がやって来たわけです。

となると私も、すぐに遊びに行っちゃうわけですよ。女芸人仲間たちが自分の赤ちゃんに同世代にもかかわらず「ばあば」と紹介するのと同様に、大久保さんはパコちゃんに私を「ばあば」と紹介する。確かに「ママ」は大久保さん。でも「ねえね」が残ってるはずなんだけどなぁ。

でもまあ、確かにかわいがり方は「ばあば」です。はい。だってとにかく猫っかわいがりだもの。犬を、猫っかわいがり。

いわゆる〝目に入れても痛くない〟状態。ばあばは床で寝たフリ。するとパコちゃんは私の周りをピョンコピョンコ駆け回る。ばあば、急に起き上がる。パコ捕獲。短いしっぽをちぎれんばかりに振りながらパコ、ばあばの顔を舐めたおす。ばあば、幸せ。なんて素敵なルーティーン。

なんだろう、この幸せ。ずっと避けてきた〝犬を飼う〟ということ。その気持ちに蓋をするために私は数年前に車を買った。〝サングラスをしたブルドッグ〟をイメージしたという車です。出来るだけ犬に寄せるために犬っぽい茶色を選び、シートも一番毛足の長いものにして。そして「ハチ」と名付けました。

もちろんルンバも購入。だってねぇ、動くんですよ。勝手に。自動でお掃除をしてくれるのに、結局ルンバちゃんがかわいすぎて掃除中ずっと後ろをついてっちゃう。お酒なんか飲みながらね。「え〜、そこ通るのぉ？」とか「大丈夫でちゅかぁ〜？」とか言いながら。

気づけば冷たき機械（スイッチ入れたら少しは熱持ってきてあったかいけれども）でこの気持ちをごまかしてきた私。パコのかわいさであっという間に〝本当の〟あたたかさを覚えてしまった。

でもね。実際にワンコを飼った大久保さんは「犬を飼ったら婚期が遅れるとかじゃないよ」と。やっぱり一番大変なのは下の世話だそうで。ウンコちゃんを片付けるのは臭いしとっても大変だと。でもそれにだんだん慣れてくる中でこう思ったそうです。「これから私、年上の友達、つまりあさことか。親とかの下の世話をする事になるかもしれない。その時のための練習、準備が出来てるんだ、と思えるんだよねぇ」

大久保さんは一個上のステージに進んでいる。やっぱりワンコは、いろんな事を教えてくれるものなんですね。

〈今日の乾杯〉先日アメリカロケの際、デニーズにて。鉄板にソーセージ、ジャガイモ、アボカド、目玉焼きに塩コショウ。潔い一皿。これにバドワイザーで完璧。

記憶量

昨日何やってた？　おとといの夜はどこで飲んでたっけ？

そんな毎日を送っているわたくしでございますが、この記憶のなさはひとえに〝老い〟のせいだと思ってまいりました。そう思っていたのですが、なんとまさかの新説が浮上してきたんです。

先日、日テレのメイク室にてアナウンサーの水卜（みうら）ちゃんと喋っていた時のこと。なんでその話になったかは覚えておりませんが、なんか私の小さい頃の話をいろいろさせていただいておりまして。そうしたら水卜ちゃんが一言。「あさこさんって小さい頃のこと、本当によく覚えてますよねぇ」え？　そう？　みんな、そうじゃないの？　水卜ちゃんや周りのメイクさん達に聞いても皆さんの答えは「覚えてない」と。「もちろんいくつかの出来事は覚えているけど、細かいこととか感情とかまでは忘れましたよぉ」とのこと。

そこで浮上した新説。それは私がいろいろすぐ忘れちゃうのは〝老い〟のせいではない。〝人間の記憶は容量が決まっていて、その容量が小さい頃の思い出でいっぱいになっているから新しい情報の入る隙間がない〟というもの。

はい。その説に一票。だってその方が〝老い〟より聞こえがよくないですか？　までも確かに小さい頃の出来事を他の方よりよく覚えている方かもしれないです。今日はその不必要に詰まっている幼少期の思い出を吐き出させていただいて、ちょっとでも記憶容量の空きを作れれば、と思う次第でございます。はい。

何故だか色濃く残っている一番古い思い出は、3歳上の兄が初めて幼稚園に行く日。私はまだ2歳。お兄ちゃんがどっか行っちゃう！　と焦ったんでしょうね。「行かないで！」と玄関に向かって走っていったのですが、その頃のウチの玄関。まだ赤ちゃんだった妹もいたので、危険防止用に手前に柵がついていましてね。でも私は柵の隙間から見える兄しか見てなかった。そうなると起きうることはただ一つ。激突。2歳のあさこちゃん、スピードを緩めることもなくフルスピードで柵に激突。顔に思いっきり縦縞の痕がついちゃったの巻、でした。

そんな大好きなお兄ちゃんが小学校に上がる年にも事件が。私は3歳半。ある日、兄の部屋に学習机が届きます。自分はもちろんまだもらっていません。幼稚園にも行ってないんだからあたりまえです。そんな時「いいなぁ。早く自分も小学生になって机買って欲しいなぁ」が普通、ですよね。ですけど、ちびっこあさこちゃんは違う。「悔しい。よし、壊そう」頭おかしいですよね、私。3歳ですよ。自分でも怖くなる歪みっぷりです。〝大好きな〟お兄ちゃんなのに。破壊欲に支配された3歳児は自分が持てる最大のモノ（って今考えればちっちゃいんですが）、赤ちゃんが座る小さな籐の椅子を必死に体全体で抱えて兄貴の部屋へズンズン向かう。ウルトラマンの怪獣がビルを引っこ抜いて街を破壊する。そんなイメージです。まあ、向かう途中で母という名のウルトラマン、いや、ウルトラの母が来て、怪獣は標的に着く前に退治されるわけですが。ああ、自分でもひく幼少期の思い出です。

あと、入学試験も終わり春から雙葉（ふたば）小学校に通うことになった頃。入学前に一日体験入学と申しますか。ちょっとだけ現役1年生のお姉さま方と授業をやらせてもらえる日がありまして。その時たしか「みんなで好きな絵を描いてみましょう」みたいな感じだったんですよねぇ。周りはかわいい女の子とか家族とか。お花が咲いているお家の絵とかを描いてる中、何を思ったか私……ドクロとバラ、描いたんですよね。一応すごいリアルなヤツじゃなくて、それなりにイラスト感満載のヤツですけど。それでもね。ドクロとバラ、ですからね。シスターの二度見、忘れられません。

あと、幼稚園のエピソードをもう一つ。母が渋滞に巻き込まれたか何かでお迎えが遅かった日がありまして。結局最後の一人になってしまいかなり心細くて。しばらくしてやっと母が到着。素直にワンワン泣けば可愛げあるのに、「全然大丈夫だしぃ～」的なフリして車に乗り込んで。でもやっぱりホッとしたんでしょうね。助手席に座って車が出発した途端、窓の外を見てるフリして、こっそりハラハラ泣いちゃったりなんかしちゃったりして。

　小学校に上がってからの思い出だと、あれは1年生か2年生の頃。6つ年上のいとこの智ちゃんのところに遊びに行った時。智ちゃんが持っていたトレーシングペーパー（当時は「写し紙」と呼んでおりましたが）を分けてくれましてね。生まれて初めての写し紙に興奮しちゃって。家に帰って即行その頃大好きだったマンガ『うわさの姫子』に写し紙をのせて、何コマも鉛筆でなぞっては消し、またなぞっては消し、を繰り返して遊んでおりました。

　もう細かいこと言い出したら、幼稚園のお泊まり会で園長先生が作ってくれたナスのお味噌汁が美味しかった、とか。幼稚園で同じ組だったゆうすけ君の真似して牛乳瓶の蓋を集めてみたけど割とすぐ飽きちゃった、とか。挙げだしたらキリがないですが。

　……あれ？　やだ。書き出したことで逆により強く記憶に刻まれちゃったかも？　でもま、忘れる、っていうのはいろいろ溜めこまないで済む、とも言えるよね？　うん。じゃ、よしとするか。よぉし。今日もいっぱい忘れるぞ！

〈今日の乾杯〉車海老のあられ揚げ。梅のつぼみのついた枝も添えられていて完全春先取りです。こんな洒落たモノ出されたら、いつもの日本酒ロックも切子のグラスで。うーん、大人。

オトコの条件

よく若いカワイコちゃんが男性のタイプを聞かれて「ん〜、優しくてぇ〜、誠実でぇ〜、面白くてぇ〜……」とか答えているのを見て「そんな人いないよ！」とか「全然わかってない。まだ若いのね」とか。テレビを観ながらそんなことを思っていた私。「この私なんてタイプはひとつだけよ！　お酒が飲める人！　これだけ！」なんてこと言いながら。いや、ほざきながら。私ね、気づいたんです。実は殿方の条件、溢れんばかりにあったんです。

いやね、私は本当に第一条件は今も昔も〝飲食が合う〟。というか〝お酒が飲める〟です。過去にお付き合いした方は皆さん、大人数で飲む↓ひょんなことから誰もスケジュールが合わずたまたま二人で飲む↓普通に二人で飲むようになる↓気づいたらいつの間にかお互いを意識↓好き。こんな感じでお付き合いに至っておりまして。その位、お酒は恋愛をするにあたってすごい大きな要素なんです。お恥ずかしながら素直になりやすいですしね。

あともうひとつ言うならば〝働いている人〟。「当たり前だ！」なんて声が聞こえてきそうですが。20代はいわゆる〝働いていない人〟とばかりお付き合いしていたわけで。でもまあ20代なんてお互い若いし、男性側が男のプライドとして女性のお金で生活している事にイヤだと思ったり、プライドが傷つくようならまた話は違うと思うのですが。それさえないなら働いているかどうかはどうでもよかったんです。それに「おい。アレ買ってくれよぉ」とか「金くれ！」みたいなことは一度も言われたこともなく。怖い人が同棲中のアパートに取り立てに来て、怖いから勝手に払っちゃっていたというか。ん〜、今思うといろいろおかしいと思うのですけどね。あの頃の私は〝二人の平和〟を崩される方がイヤだったので、お金払って平和になるならそれでいい、って感じだったんです。

でもそれは20代の話。好きになる方が同世代が多いからですけど、40代になった今、同世代の殿方が「俺ニート！」って言ってきても……ねぇ。ま、逆に面白い！ってなって受け入れちゃう可能性がゼロとも言い切れないのは内緒にしておいて。

とにもかくにももしタイプを聞かれたらホントにこのふたつ位。正直顔や収入とかはあんまりこだわりないもので。でもね消去法と申しますか。人と話してて気づいたんですが「こういうとこ、やだなぁ」みたいなのを言い出したら山ほどありまして。

例えば〝清潔感がない人〟。清潔〝感〟とかじゃなくて、お風呂嫌いみたいなホントに〝清潔じゃない人〟はもちろんですが。見た目がどうこう、とかダメージ系の洋服を着ている、とかではなくて。もっと全身やら佇まいなど内側から滲（にじ）み出る清潔感というか。わかりますかねぇ？　どんなにイケメンでもそういう清潔感がなければ、だんだんイケメンにも見えなくなっちゃうんです。

〝オシャレすぎる人〟も苦手。オシャレはもちろん素敵ですし、好きなんですけどね。なんていうか「どうも。僕、オシャレです」感500%のいわゆる〝個性的〟と言われる感じのヤツです。もう偏見ですよ。偏見ですけどそこまでのガッチガチのオシャレくんはオシャレしている自分が大好きだから、まわりの人や景色に目を向けず、窓ガラスに映る自分見ちゃう、的な。

その感覚に似ているとこで言うと〝細い車輪の自転車の人〟〝仕事場が表参道の人〟〝お店選んでもらうと西麻布の人〟なども、です。もう一度言いますが、偏見ですけどね。

まあ結局どっか劣等感と申しますか。負い目がそう感じさせるんだと思いますが。あ、負い目つながりで申しますと〝筋肉ムキムキマン〟もダメかなぁ。だって私がこれだけブヨブヨですからねぇ。わがままボディのわがままを聞いてあげちゃっていますから。でも人は自分にないものを欲すると聞くけどなぁ。ムキムキは自分になさ過ぎて劣等感が止まらないのかも。あとムキムキは食事制限がすごいじゃないですかぁ。でも私、食べることが唯一と言っていいほどの楽しみじゃないですかぁ。という事で絶対に相いれないじゃないですかぁ。そういう事です。

そのほかにも〝女子感強い〟〝食べ方が汚い〟〝挨拶が出来ない〟〝食に興味がない〟〝昔な

がらの白ブリーフ〟〝多めのアクセサリー〟〝お箸の使い方が下手〟〝遠距離〟〝中距離〟〝犬が嫌い〟などなど。細かいのを挙げだしたらキリがないんです。
若い突き進むエネルギーを失ったのと引き換えに、年を重ねた分いらぬ知識が山のように増えたのかもしれないなぁ。
今までの私はテレビでよくこんな会話をしておりました。
MC「お前どれくらい彼氏いないんだ?」
いとう「もう6年になりますかねぇ?」
MC「お前、理想高いんだよ。選びすぎなんじゃないのか?」
いとう「私なんか選んでるわけないじゃないですかぁ!」
MC「お前が選んでんじゃねぇよ。」
いとう「だから選んでませんてばぁ!」
兄さん方、スイマセン。私どうやら選びたおしてるみたいです。あ〜あ。こんなこと言ってたらまだまだ私、一人だわ。
〈今日の乾杯〉結局こういうのが延々に飲める。砕いたキュウリにピータンとごま油と塩。それをドサッと大きめのお皿で出していただき、あとは紹興酒をロックでガブガブ、です。

合宿

先日オンエアになったのですが「イッテQ！」の企画で女芸人10人によるマリンバ演奏に挑戦いたしまして。スタートは秋田での3泊4日の強化合宿。マリンバが一体何なのか誰も知らず〝マリンバ＝でっかい木琴〟と教わるところから合宿は始まりました。

女だらけの合宿。私には慣れたものでありまして。というのも小中高と女子校だった私は小学校の林間学校、中高の部活の合宿、修学旅行など常に女だらけ。

ちなみに部活は陸上同好会と天文班に所属。あ、うちの学校には何故か〝部〟のつくクラブがほとんどなく〝同好会〟と〝班〟。他に所属していたのもＰＭ（ポピュラーミュージック）〝愛好会〟に点字〝研究会〟でしたしね。

さて、中1から高2までの5年間所属していました陸上同好会と天文班。どちらも四阿山(あずまや)にあった学校の山荘にて夏合宿がありまして。

陸上は同好会ではありますがなかなか厳しい合宿メニュー。起きてすぐの朝練は、山道の上り坂を使って何本もダッシュで駆け上がる〝坂道ダッシュ〟と言う地獄から始まりまして。山は東京より涼しい、とは言え夏の太陽。汗をダラダラかきながら、肌がジリジリ焼けながら、青春感をガンガン出しながら夕方までガッツリ練習三昧でした。

でも急に雨が降ってきて練習がお休みになることもあり。となると室内でやる事はただ一つ。ハンカチ落とし。ああ、時代だぜ。私が鬼を務めさせていただいている時のこと。山荘の床は畳。畳あるあるですが重々気をつけていたけれども畳の目に滑って転んじゃいまして。しかも畳との相性がよかったのかな。そのままツーッと滑り続け、勢い余って網戸を破り外に飛び出したことも。部屋の中を覗いていたタヌキが文字通り飛び上がって逃げて行く、という童話にでも出てきそうな光景も添えて。おかげ様で厳しい練習ではなくハンカチ落としで右肩を負傷するという。なんともまぬけな中2の夏でございました。

天文班の合宿は毎年ペルセウス座流星群の観測へ。深夜、東西南北と天頂の5人一組になりまして。それぞれの方向を観ながら流星の出現時刻と明るさ、出ていた秒数などを用紙に記入していく。ただその秒数はストップウォッチなど使わずこの一言。「でたうえお」。人は流星が出たら「出た!」と反射的に言ってしまう。それを利用して「出た」に「うえお」を足して、流星が出た途端に「でたうえお!」と叫ぶ。私たちはそれを1秒ぴったりで言えるよう練習をしていたので、例えば「でたう」の所で光が消えたら流星の出現時間は0・6秒、みたいな感じに使っておりました。なんともアナログ。でもなんか、いい。

山の夜は夏とは言えとにかく寒い。みんな夜露で濡れてかなり冷えるし、明け方までやるから本当に眠くかなりハード。

でも最後の夜にやるキャンプファイアはとにかく楽しくて。学年ごとに出し物を考えたりしてね。一番覚えてるのは中3の時に朝の連続テレビ小説「澪つくし」のパロディをやったこと。実は天文班のメンバーで代々木公園に遊びに行った時に、デビュー直前の沢口靖子さんが雑誌の撮影をしていて。「一緒に写ってください」なんてスタッフさんに言われて他の周りで遊んでいた人たちと一緒に写真も撮ったりしたもので、うちらの中では勝手に沢口さんは〝仲間〟だと思っちゃっていたわけですよ。そんな〝仲間〟が主演の「澪つくし」だからそりゃあドハマりして観ていました。合宿では記憶喪失になった惣吉さん（川野太郎さん）が戻ってきた時のかをる（沢口さん）のシーンを熱演し、何故かやたら〝ウケた〟記憶があります。

さて。マリンバ合宿に話を戻しましょうか。学生時代の夏合宿から30年もの時を経て、再びオンナだらけの合宿。マリンバとは全然関係ない相撲を取り、なまはげに投げられ、仮装大賞のような宴会をやりながら、ホントによく練習しましたよ、みんな。相当難しかったのでね。やっぱりなかなか左手がうまく動かず、朝から晩までカメラが回ってなくても少しでも時間があればマリンバの部屋行って練習しておりました。

ヘトヘトのみんなの唯一の癒しがお風呂。宿に露天付きの大浴場がありまして。パンパンになった腕をもみほぐしに、練習終わると即行お風呂へ。次々に丸い人が入ってくるから他のお客様はビックリしただろうなぁ。

お風呂上がりのビッグイベントは、体重計。脱衣所にある体重計に順番に乗っていくのですが、みんな自分で思ってたより重くて。

「あれ？　この体重計、普通より3kgくらい重く出る？」「私もそう思ったぁ！」「って言うか髪の毛が濡れてる分、プラス4kgでしょお」「あ、このバスタオル、なんか鉛の糸が織り込んであるらしいから8kgはあるじゃんねぇ」

毎日こんな会話。

練習は本当に本当に大変だったし、集団行動だから気を遣う部分もそれぞれにあっただろうけどとても楽しい合宿でした。絆が深まる、というかね。そういうところは中高時代の夏合宿と同じでした。ただあえてあの頃と違う点を言うならば、今回のメンバー全員丸かった、いや、でかかった、ってことくらいかな。いろんな意味で成長、万歳。

〈今日の乾杯〉春です。タケノコです。漢字で書くと〝筍〟。まさに竹の旬なのね。季節感じるツマミがやっぱり最高。お酒はもちろん日本酒ロック。これは一年中。

秘密の花園

月灯り青い岬にママの眼をぬすんで来たわ
真夜中に呼び出すなんてあなたったってどういうつもり
真面目にキスしていいのなんて
ムードを知らない人　アーあせるわ

聖子ちゃんの名曲「秘密の花園」。歌詞によると秘密の花園は〝誰も知らない入り江の奥〟にあるわけですからねぇ。禁断感、半端ない。中1でこの曲を聞いて、正直意味はよくわかってないのですが。何か本能で感じる背徳感と申しますか。訳もわからずドキドキが止まらない、的な。

実はお恥ずかしながら〝どうやって子供が出来るか〟を高3の修学旅行まで知らなかった私が、この時まだ中1ですから。〝口づけ〟自体よくわかっていないと言うか。ちっちゃい頃親にチュッチュされたりはしていましたが、ソレとはまったくの別物、意味が違うものだとは思っていて。行為としては漫画とかで見たことはあるのですが、それがどういうものなのか。何と申しますかその本質は理解していなかったんでしょうね。ただ漠然と〝親の前で歌うのはちょっと恥ずかしい曲〟だと思って、自宅で歌う時は出来るだけちっちゃい声で歌っておりました。

そう言えば更に胸の鼓動が高まった一曲がありました。それはシブがき隊の「Zokkon命」。あ、〝命〟と書いて〝ラブ〟と読みます、一応。その歌詞に出てくる「夜の渚で星を数えてムリに奪う砂まみれのキッス」。これです！ 砂まみれって！ これも同じ中1の時の曲で、くしくも舞台も「秘密の花園」と同じ夜の海辺。こうして私はこの頃から〝夜の海〟に異常な興奮を覚えるようになったとさ。

〝親に見ているところを見られちゃいけない〟シリーズはアニメの世界にもありましたよね。代表作は「まいっちんぐマチコ先生」。もちろん何かエグいシーンがあるわけでもなく。〝スカートひらり、おパンツちらり〟程度のことなんですけどね。でもやっぱり「まいっちんぐ」って音が生み出すセクシーさはすごいですから。自分がまいっちんぐしてるところは親に悟られてはなるまい、と。

音で言えばあの♪ダバダバダバダバ～ダバダバダバダバ～、も。そうです。「11PM」です。これは自分が観ていたわけではなくて。ベッドに入っている時、まだ起きている親の部屋から聞こえてきたこのメロディー。どんな番組かは知らなかったですが、お色気なお姉ちゃんの歌声ですからねぇ。〝聞いてるのをバレてはいけない〟番組と判断。だから親と「あのダバダバなぁに？」の話をすることは決してありませんでした。

逆に親が子供に見せたくない番組っていうのもありましたよね。その筆頭に挙げられていたのが様々なバラエティ。「8時だョ！全員集合」とか「オレたちひょうきん族」とか。ただね。ダメだ、と言われれば言われるほど観ちゃうし真似しちゃうのが子供の性。

カトちゃんの「ちょっとだけよ」。月曜の教室はみんなで真似して大盛り上がり。♪チャンチャヤチャンチャンチャヤチャヤチャンピヤ～、でまず大爆笑。ピンクの照明こそないけれど誰かが「ちょっとだけよ」なんて言った日にゃ更に大爆笑。ってなもんです。

ひょうきん族で紳助さん演じる、マンションで待ち伏せしてる女の人の真似も大好きでした。「さんちゃん、来ちゃった」「さんちゃん、寒い」とクルクルまわりながら教室に入ろうとしてこれまた大笑い。これももちろん〝本当の意味〟はわかってないんですが。

「とんねるずのみなさんのおかげです」でタカさんがやる〝保毛尾田保毛男〟も学校行った途端にみんなでやってたもんなぁ。誰かが岸田今日子さん演じるお姉ちゃんやったりしてね。

確かに今見返すと、各家庭の親が子供に見せたくない、って言うのもわからなくはないですよねぇ。でもね、こういうのはその時みんなでゲラゲラ笑って遊んで〝素敵な青春の1ページ〟で終わります。それより意外なものがあとになって後悔することになったりしちゃったりしちゃうこともあるんです。

アイドル全盛期だった80年代。いろんなアイドルちゃんの真似もしました。

例えば松田聖子ちゃん。ワニブックスから出ていた聖子ちゃんのフォト&エッセイ。中に日記風の直筆のページがありまして。その聖子ちゃんの丸っこい文字やチョコッと描いてあるイラストも可愛くてね。自分も日記を書くときに丸文字&まったく同じイラストを描いたりしていました。

あとキョンキョンが自分を「コイズミ」と言うのがカッコよくて。私も自分の事を苗字で「イトウ」って呼んでみたこともありました。でもなんでしょうね。苗字の響き？　顔？　とにかく何かが大きく違うことにちゃんと気づいて、すぐにやめた。

そして明菜ちゃん。明菜ちゃんも大好きだったから、髪の毛を後ろで一本にきつく縛り上げて。明菜ちゃんみたいなポニーテールによくしていました。実はこれが私の命とり。もちろん親に止められることなんてなかったですよ。だってあの明菜ちゃんの真似なんですから。何にも悪いことないですから。でもね。あの頃きつく縛っていたせいで、今になって〝髪の生え際の後退〟と言う大きな哀しみ、苦しみを背負うことになりまして。ええ、はい。

ああ。子供の頃の真似するものの良し悪しは、大人になってからじゃないとわからないこともあるのね。

〈今日の乾杯〉カニの甲羅にカニのほぐし身がどっさり。土佐酢のジュレとやらもたっぷり。更に下には濃厚な玉子サラダが隠れてる。バカヤロー。いっぱい飲んじまうじゃないか。

楽器

昔から何度となく「今やらなくても」的な言葉を浴びせられながら生きてきた私。例えば何故か真夜中に始めてしまう大掃除。ただの掃除じゃないですよ。大掃除です。朝、部屋が綺麗なのは気持ちいいですが、結局寝不足で体調が悪いというね。他にも新聞に載っている〝見つける箇所多めの間違い探し〟も最後の一つが見つかるまでやめないでチャレンジ、とか。

それを時間がある時にやるのは別に何にも問題はないんですよ。むしろ〝まだまだ好奇心が消えない45歳〟って素敵じゃないですか。でもね、そうじゃない。〝今やらなくてもいい〟時にやってしまう。忙しければ忙しいほど、または何かしなきゃいけないことが山積みの時に限って余計なことを始めたがってしまう。まあ、完全に現実逃避なんでしょうけれども。

しかもこれが掃除やパズルなど一日で終わるようなことならまだしも、うっかり〝新しい事〟なんかに手を出したら最後。気分転換を言い訳にネットで〝それ〟に必要な物やら事柄やらを調べたり。しまいにはその関連のお店に行っちゃったりして。

実は今まさに、なんですよねぇ。舞台の稽古や単独ライブの準備で精神的にも肉体的にもワチャワチャしている真っ最中でして。となるとちゃんとまた芽生えちゃうんですよね。〝余計なことをする〟気持ちが。

今回手を出したのは〝ウクレレ〟。いやね、かれこれ干支が一周するくらい前ですが、実は以前ネタでウクレレを弾いていたことがありまして。つまり一応経験者ではあるんですが、その時は一言のネタとネタの間をつなぐひとつ節しか弾いてなくて。特にコードを覚えたりもしなかったんですよね。

そもそもここに来て急になんでウクレレに手を出したかと申しますと、先日イモトと飲んでおりまして。その帰りに「そう言えば行ったことないねぇ」という話から、初めてイモトのお宅に上がり込みまして。そしたらテーブルの上にウクレレが。なにやら最近始めたとのこと。軽くて小さいので旅人イモトにとっては持ち運びしやすいし、丁度いい楽器なんでしょうね。

というわけでイモトがウクレレを、更にミニギターもあったので（あ、以前にも書きましたが中高時代にＢＡＬＬＯＯＮというフォークデュオを組んでおりましたのでね）私はそのギターを手に即席デュオ結成。イモトのウクレレ教本を開いて選んだ曲は「LET IT BE」。言わずと知れたビートルズの名曲です。

想像してください。たくさんの動物の首の壁かけオブジェや置物に囲まれた「ああ、世界旅するとこうなるのね」みたいな部屋で、30歳と45歳の奏でる「LET IT BE」。しかも初心者バージョン。自分で言うのもなんですが、底知れぬ闇が溢れていたような気がします。

何はともあれ久しぶりに触れたウクレレはやっぱり楽しく。ウチに帰った途端に棚の奥にしまっていたウクレレを引っ張り出しまして。〝今やらなくていい事〟が開花した瞬間です。まずは何せ10何年ほったらかしにしていたので音がメチャクチャ。チューニングアプリをダウンロード。お次は弦も緩みまくっていたのでネジ回しを持ってきて締め直し。更には楽譜だの教本だの全然持ってなかったので、数日後楽器屋さんで2冊購入。あとはケースがやはりボロボロになっていたので、どっかのタイミングで買いたいな、と思っている次第でございます。

ただね。もう一度言いますが、私にはやることがたくさんあるんです。こんなことやってる場合じゃないんです。

しかも今回は重症で。なんと抑えきれない衝動がウクレレだけじゃないんです。

正直これはウクレレ欲が出てくるもっと前から思っていたことでして。実は数か月前から電子ピアノが欲しくて。元々幼少期からピアノを習っていた私。ずっとピアノは大好きで。20代で一人暮らしを始めた時も鍵盤が少なめで、どこの国で作っているかもよくわからないような安いキーボードを買ったりして。「ロンバケ」が流行っていた頃はヒロイン・南が不器用ながら一生懸命弾く「セナのピアノ」という曲が素敵で。楽譜を買ってそのキーボードでよく練習したものです。

だからテレビをつけていると、いまだによくかかる久保田利伸さんの「LA・LA・LA LOVE SONG」を聞くたびに「ロンバケ」思い出して。あのスーパーボールと共に。そのたびにピアノ欲がムクムクしていたんです。そんな時「イッテQ！」のマリンバの稽古でよく銀座のYAMAHAに行っておりまして。となるとついついピアノ売り場をうろうろしちゃったんですよねぇ。おかげさまでピアノ欲MAX状態に。

ただね、大きな問題が一つ。ウチには置き場所がないんです。そんなに広いウチじゃないもので。壁面は棚などの家具で隙間がない。それこそ「ロンバケ」の瀬名の部屋みたいに部屋のど真ん中にとも思ったけど、ウチでそれをやると通れなくなっちゃう。

となるとですよ。まずピアノを置く場所を作るべく壊れかけのラック辺りを処分するかな。そうするとラックにかかっていた洋服をどこかに移して。あとラックの上に置いておいた雑貨類もどこかに収納せねば。でもきっと棚に入りきらないからZOZOTOWNに申し込んで段ボールを送ってもらって。あとは……。ん〜、どうやらいつも以上に大々的な掃除をしなければ。ああ、せめて単独が終わるまで、この感情を止められる蓋、どっかに売ってないかなぁ。

〈今日の乾杯〉先日夜遅くに新幹線で大阪へ。となると必然〝居酒屋新幹線〟オープン。駅で購入したローストビーフのサラダをツマミにワイン。レジでいただいたプラカップでガブガブ。大阪に着いたら寝るだけよ。

今日の乾杯アルバム

今まで美味しいお酒を飲ませてくれた、素晴らしいおツマミ達。是非眺めながら飲んでください。

私の枡で、アン肝をツマミに日本酒ガブガブ。

ポテトサラダの上に、揚げゴボウと温玉。半永久的に飲めるヤツ。

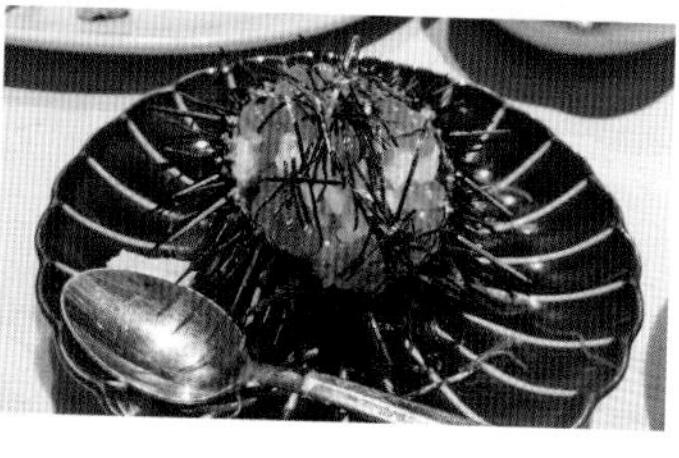

ウニの殻にすし飯。その上にウニだの、イクラだの、カニだの。至福。

明太子おろし。イタリアンカラー。

タケノコの春。日本の春。

ヒラメの昆布〆。富山土産。

鱧の子の卵焼きに冬瓜。涼やか。

蛸と夏野菜の冷製ガスパチョソース。

キュウリ、ピータン、ごま油 in 中国。

通称〝鮭をメチャクチャにしたモノ〟。

新幹線でローストビーフサラダとワイン。

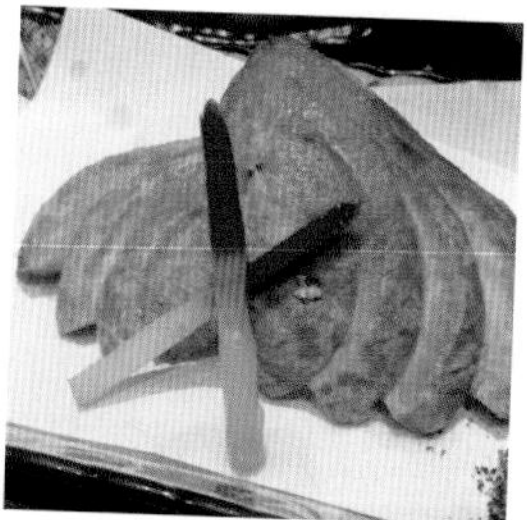

アボカドの天ぷら。レモンと七味塩で。

夏前の枝豆は実も固めで青々しい。

皿いっぱいのイクラの醤油漬け。

前菜の盛り合わせ。いくらでも飲める。

異国のコンビニの
冷やし中華。

味噌を舐めて酒を飲む。

チーズがトロッと蒲鉾。

きのこのバター醤油炒めには
白ワインを。

カニの下には玉子サラダ。土佐酢で。

早摘みの銀杏の酒煎り。青く苦く旨い。

ナス、鴨、ゴマ味噌。

焼いて裂いたマツタケ。
シンプルが良。

大根のピリ辛お漬物。満点突き出し。

汁なしオニグラ。もう、おつまみ。

カニとキノコの炊き込みご飯。

アン肝。熱燗。冬。

〝大久棒〟は〆のラーメン風味。

チーズ入りマッシュポテトとハーブソーセージ。

牡蠣のグラタン。こぼれんばかり。

韓国にてジョン。マッコリ必須。

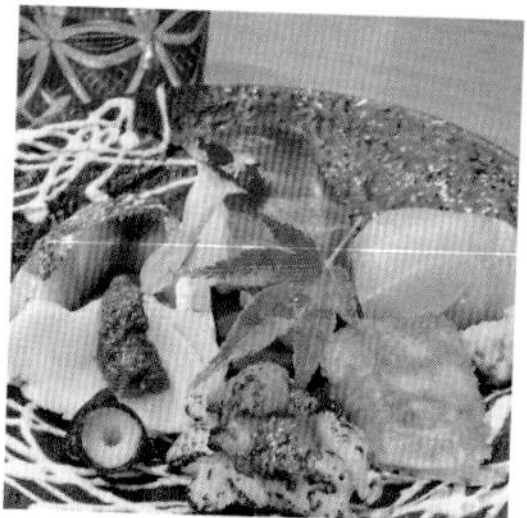

右下が白身魚昆布〆からすみ和え。

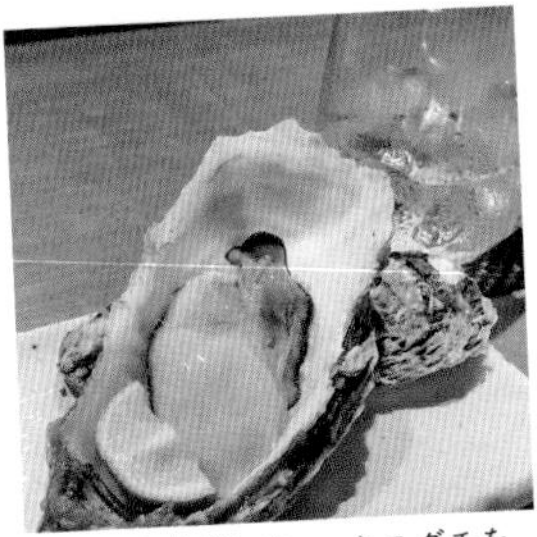

生牡蠣にキュッとスダチを。
ぷっくりミルキー。

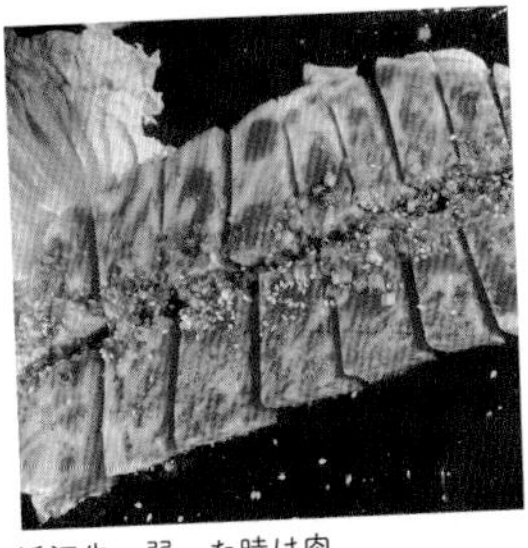

近江牛。弱った時は肉。

4年熟成のイベリコ豚の生ハム。贅沢。

伊勢に行ったら塩で白鷹。

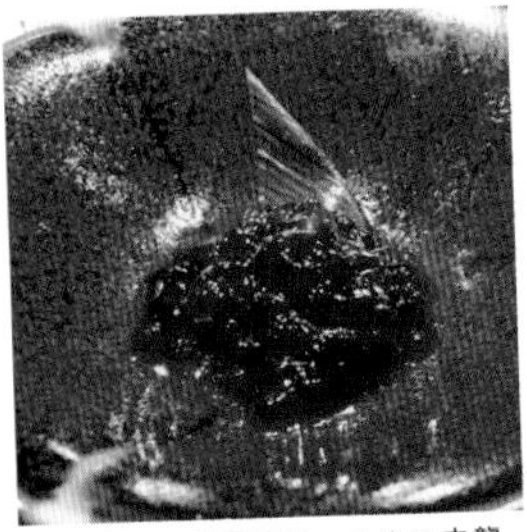
生筋子の味噌漬け。コクの来襲。

香箱ガニ。ずっと飲めるヤツ。

じゃこと大根おろし。
どっちもたっぷりで。

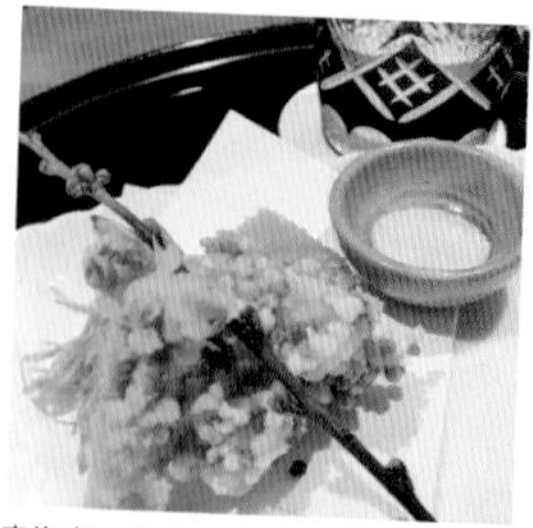
車海老のあられ揚げ。切子で酒。和。

金沢の鰤カマと青めの大根おろし。

田島方

先日番組の企画で「誰か会いたい人いますか？」と聞かれまして。そりゃあ45年も生きてますから。いろいろいますよね。幼稚園でプロポーズしてくれた外国帰りのはるき君とか。高校生の頃、初恋なのかなぁ。近所のお寿司屋さんにいた、いつもお茶を出してくれた修業中の板さんとか。30歳の時に「垢ぬけたい。おまかせで」と言ったらアフロパーマをかけてくれた美容師さんなどなど。そんな中、今回は22歳の頃から約10年間住んでいたアパートの大家さんに会いに行くことになりました。

ひとつの塀の中に大家さんのお家と二階建てのアパートが二棟。そこでそれぞれの一階と、二階で計4世帯が住んでいまして。ポストはひとつ。アパートの名前が特にないので大家さんのお名前の「田島様方」で郵便物が届く。だから友達からは「〝田島方〟に遊びに行くねぇ」とアパート名のように通称〝田島方〟で呼ばれていました。

そもそも19歳で家出をして、中落合の〝三畳一間と聞いていたのにロフトと合わせて三畳〟と言う激狭物件に住んでいたもので、次に引っ越す際の条件は〝なんでもいいから広い〟の一点に絞られていました。〝もし出来たら風呂トイレ別〟も小脇に抱え不動産屋さんへ。

その頃、中落合からちょっと歩いたところにある、椎名町駅前のパン屋さんの〝ゴロっとした具にゆで卵の入ったカレーパン〟にハマっていましてね。絶対そのカレーパンの近くに住みたい！　ということでその椎名町の不動産屋さんの門をたたきました。とにかく〝広い〟だけの条件で（もちろん〝安い〟は言うまでもなく）いろんな家を見に行きました。中でも築年数は古いですが、３ＤＫに風呂トイレ別と格別広いのにお家賃がまさかの５万円台。なんかおかしいと思ったら、やはりその部屋で〝グサッ〟系の事件があったとのこと。ま、それ聞いちゃうといくら広くても。ねえ。

結局椎名町ではよき物件が見つからず。カレーパンにかなり後ろ髪をひかれながら、隣町の千川を見てみることに。

そこで何軒見たのか、それとも一軒目だったのか。まったく覚えてないほどその〝田島方〟の印象が強いんです。いや、ホントに古いんですよ。すごく古いアパートなんですけど、初めて二階の部屋の窓を開けた時の直感って言うんですかね。風が抜ける感じと言うか。なんか良い〝気〟しか入ってこない感じがしたんです。

更に窓の外にはすごく立派な桜の木があって。その内見の時は夏真っ盛りでもちろん桜は咲いてないんですが、これまたなんかいい感じがしましてね。この直感は翌年の春、満開の桜を見て確信に変わるわけですが。

そして極め付きは、やっぱり大家さんご夫婦の笑顔。お人柄のよさが全面に出ている笑顔で。すごくホッとしたんですよねぇ。

そんな直感を多方面から揺さぶられた〝田島方〟に即決し、それから約10年暮らしました。

10年って言うと本当にいろんな事がありましたよ。

例えば数々の……いや、三人の彼氏と呼ばれる殿方たちも来てますしね。

私が部屋で、土鍋に昆布をしいて豆腐を入れただけの湯豆腐に醤油をかけて晩酌していた時に、男性の飲み友達がウチに飲みに来て。その状況を見た途端なんかかわいそうだと思ったのかな。「俺が守ってあげなきゃ」と付き合う事になった、なんてこともあったっけ。

演劇の学校に通い、そこのクラスメイトとコンビを組んでお笑いを始めることを決めたのもココ。そして夜通しネタを考えてたのもココ。

とあるクリスマス。友達とフライパンでチーズフォンデュもどきをやったまま、翌日ろくに片付けず出かけたらそのまま「電波少年」で急に無人島に連れていかれて。半年後帰ってきたらそのフライパンが恐ろしい事になっていたのもココ。

いろんな方も遊びに来てくれましたが、中でも一番覚えているのがカンニング中島さん。田島方の桜がすごい！　と自慢してたら「よし。じゃああさこの部屋で花見をしよう」と私の元相方と中島さんのお友達の計四人でお花見をする事になりまして。今回は私の大好物・餃子パーティでいくことに。そしたら「どうせあさこん家なんて何にもないだろ」と大量の食材と共に大きなホットプレートを買ってきてくださって。料理の腕前がすごい中島さんはお一人ですごい数の餃子を作ってくださり。

その間に他の三人はお花見準備。まず部屋の窓を外して桜がよく見えるように。そして窓枠の所にデスクライトをはめて桜をライトアップ。と言ってもライトが小さいので直径50センチも照らせませんが。「餃子出来るまで時間がかかるから」と高級なお肉も買ってきてくださっていて、それをホットプレートでサッと焼いて乾杯。餃子も美味しすぎて100個以上作ってくださったのにペロリ。すると中島さんが空いた日本酒の四合瓶をのし棒代わりに使って粉から皮を作り、再度大量の餃子を作ってくださった。今思えばあの頃中島さんだってバイトしていたような頃なのに、至れり尽くせりでいろんな事してくださって。ありがたい。忘れられない一夜です。

書き出したら終わらない〝田島方〟の思い出。若い10年を過ごした大事なお家。引っ越して約14年。〝田島方〟も建て直され、新しい人たちが住み。町もずいぶん変わったけれど、大家さんご夫妻の笑顔だけは変わらずそこにあり。半分くらい切られちゃってはいたけれど桜の木も満開で。そんな木の下で叶った再会。〝田島方〟は第二の故郷です。

〈今日の乾杯〉だいぶ汗なんかかいちゃう日も出てきましたが、まだまだ春。しっかりした筍をほんのりお醤油の香りのするシンプルなグリルに。ああ、春が続けばいいなぁ。

もふく

今年の始め、20年ぶりに喪服を新調しまして。

20代最初の頃母に初めて喪服を買ってもらって以来、それを着続けておりましたが、去年の夏にちょいと事件が。

知人の奥様がお亡くなりになりまして。久しぶりにひっぱり出してきた喪服。着てみると肩周り、腕周り、腹周りのすべてがひく程パッツパツ。そうだ、ここ数年の〝あさこの肥大化〟がひどかったんだ。となると最大の問題はファスナー。年齢を重ね、腕が後ろに回しにくいのはもちろんのこと、パツパツ&夏の汗で裏地が背中にくっつく故のファスナーの上げにくさ。更に20年前のものですからファスナーの劣化も否めない。結果、背中全開き。オーマイガー。冬だったら最悪開けっ放しでも上着で隠せますが夏ですからね。閉めるしかありません。

後ろの襟ぐりの辺りを掴んで出来うる限り上にひっぱり上げ、なんとかファスナーの金具に触れようとしたけれど全く届かず。次に摩擦でファスナーを上げてやろうと壁に背中を強くこすりつけてみる。結果はもちろん、ビクともせず。今度はウチにある一番長い棒・30センチものさしで下から押し上げてみたもののこれまた1ミリも上がらない。

もうこうなったらウチのマンションの玄関前に立って、マッチ売りの少女のように「ファスナー上げていただけませんか？　どなたかファスナー上げていただけませんか？」とでもやってやろうかと。でも「背中丸出しのババアがウロウロしてます」なんて通報されてもね。

結局1時間半以上かけてなんとかファスナーは閉まりましたが、いつ爆発してもおかしくないパツパツ具合。そんなこんなでとうとう新喪服を購入したのです。

ただね、買ったから、ってわけじゃないんでしょうけど何故か着る機会ってのがやってくるもので。一回はわが劇団・山田ジャパンの公演で。「ソリティアが無くなったらこの世は終わり」という6年前にやった作品の再演。お葬式のシーンがあって喪服を着るのですが、同じシーンでも6年前と違いが。台本も変わっているし、周りの役者陣もほぼ新メンバー。でも一番大きな違いは、喪服のサイズ。前回の喪服は9号でしたが、新調した新喪服はまさかの13号。しかも買いに行った際、デパートのお姉さんに100・80・100という大胆なスリーサイズをお伝えしたところ出てきたのは15号の喪服たち。最近あまりこういう号数でお洋服を買う事がなかったので急な〝15〟にびっくりしちゃって。元々9号か11号だったもので。だから小さな抵抗でこう言ってやりましたよ。「13号にしてください」それゆえの、13号です。

もう一回は本当のお葬式。舞台の稽古と時を同じくしてその悲報は飛び込んできました。

前健さんこと前田健さんです。

　前健さんとの思い出はたくさんあります。

　私がまだ全然仕事もないような頃、前健さんと前健さんの後輩コンビの四人で地方の番組のロケをしていまして。その帰りのロケバスの中で後輩コンビに前健さんが言ったんですよ。「あんた達見てた？　あさこ、一個も面白い事言ってないけどずっと喋ってたでしょ！　これだよ！」「前健さん！　一個もって！」

　大笑い。前健さん流の教え方。言葉の中に優しさがぎっしり。私に対しても、その後輩さんに対しても。

　ある日、新宿の画材屋さん・世界堂に向かって歩いている時、急にタクシーが横で停まりまして。窓が開くと前健さんが。

「何やってるの？」「ネタの小道具の材料買いに世界堂に行こうかと」「そのあとは？」「ヒマです」「ご飯しよう」

　そして買い物後、新宿駅近くで前健さんと合流。和服のお姉さんが作ってくれるようなすき焼き屋さんに連れてってくださって。本当に美味しく素敵でね。私もいつかお仕事もらえるようになった暁には絶対後輩をココに連れてこよう、と。それから何年も経ってお仕事いただくようになって。特別なお祝いやお疲れ会などやる時に、何度か後輩を連れてそのすき焼き屋さんに行きました。毎回なんだか誇らしくて嬉しかった。

おととしの大晦日。私が「年越ししてきます！　皆様もよいお年をー！」とツイッターに書き込んだらちょうど見ていらしたのかな。すぐに前健さんからリプが。

「麻子に幸あれ。お疲れ様。よく働いた。みんなあなたでたくさん笑った。救われた」なんて優しくあたたかい。一年の疲れがすべて溶けていくような言葉。あの〝一個も面白い事言ってない〟私がですよ。こんな言葉をもらえる日が来るなんて。

よく「眠っているみたい」って表現あるけど、お葬式で再会した前健さんのお顔はホントに眠っているみたいで。今までのどんな方より。ホントに。

仕事でだいぶ遅れてお邪魔したのでもうほとんど帰られていて。その分とてもゆっくりお話が出来ました。昔なんでだったか楽屋に薄い布があって。二人で『ガラスの仮面』の紅天女ごっこしたの思い出したりして。一人が薄い布を頭上でヒラヒラさせて「お前さま。お前さま」と走り、もう一人が追いかける。しばらくしたら役を交代して同じことを。その所作の美しさも競い合ったりして。なんだかよくわからないけど、ただただ大笑いしながらそんなことを繰り返しやっていました。

美意識の高かった前健さん。ピチピチでちょっと穴も開いているような喪服じゃなく、ちゃんとキレイな新品を着て会いに行ったから誉めてくれるかな。遅くなってしまったけれど、ご冥福をお祈りいたします。

〈今日の乾杯〉アボカドの天ぷら。今まで会っていそうなのに意外にも初対面。こんなにコクぶつけられたら……飲むっきゃないでしょ。ギュッとレモン搾って七味塩つけて、日本酒ゴクリ。

風船太郎子

今年もやってまいりました。年に一度「お誕生日会」と称して〝ババアの悪ふざけ〟をやりたい放題やらせていただく日。そうです、単独ライブの季節でございます。

6月13日。ライブのタイトルは「発芽玄米〜しろくなくてもいいじゃない」。もう〝ピュア〟も失い、いろいろ薄汚れてますし。ロケが多くて肌も四六時中焼けてますし。いろんな意味でもう白くない46歳。プラス〝健康〟の大切さにも気づいているお年頃。そんな中から生まれたタイトルです。

会場は昨年に引き続き銀座博品館劇場。朝からなかなかの雨模様だったにもかかわらずお立ち見の方もいらっしゃるほどの満員御礼。ありがてぇでございやす。

今年は♪いとうはまだ46だからぁ〜　と歌いたい為だけに松本伊代ちゃんの「センチメンタルジャーニー」の時の衣装のような真っ赤なミニのワンピースで登場。悲鳴に近い歓声の中スタートしました。失礼いたしました。

次に「シンポジウム『地球と私』」と題して地球とあさこの環境問題を比較。ちなみにあさこ側の環境問題は〝温暖化（体温）〟〝森林伐採（薄毛）〟〝エネルギー（酒）不足〟などです。『地球と私』ということで「私、地球になろうかな」と提案。これが言ってはみたもののなかなか難しい。最初の案はやっぱり被り物。でも球体のものから顔出すのって難しいじゃないですか。頭が真ん中にいっちゃいますからね。球体がちっちゃかったら出来そうですが、そうすると結局あまり見えませんしね。次に顔はめ看板みたいに平面で大きな丸を作ればいいじゃないか、となったのですが今度は「首やっちゃう」となりましてね。46歳、大変です。で最終的に行きついたのが、風船。あの風船太郎さんのヤツ。たしか地球のような大きな水色の風船だったなぁ、と。ネットで調べると……売っている。しかも風船太郎さんご本人が。早速風船を10枚購入。空気を入れる電動ブロアーも貸し出ししていたのでレンタルしていざ練習開始。

動画を見て入り方を勉強。「よし入ろう」となった時、まさかの問題発生。実はわたくし、かなりの臆病者でして。風船のあの狭い入口に入るのがいざとなるとなかなか怖い。しかも大きく膨らんだ風船を前に恐怖心は増すばかり。後輩男芸人が二人がかりで口のところを力いっぱい引っ張って、やっと小さな入口が出来る。その瞬間に入るわけなのですが、それを拒むかのように強い風が中からビューッ。その様子はまるで「風邪ひいてまんねん」でおなじみの改源の風神様。ま、その後輩の一人は本当に風邪ひいていましたが。

またその強風で更に恐怖心が増すババア。自分で風船に入るって言い出したくせに、怖がってなかなか風船に入らない先輩を励ましてくれる後輩たち。「あささん、頑張って！」うん、頑張る。何度も躊躇したのち、ようやく決心。よし、行くぞ。5・4・3・2・1・GO！　向かい来る強風。強風を浴びると何故か湧き起こる〝ソウルフルな歌を歌いたくなる衝動〟を抑え、一生懸命後輩が開けてくれた15センチほどの穴に突っ込んでいく。強いゴムの締め付けにスリーサイズ上から100・80・100のある意味ボッ、キュッ、ボンのわがままボディで立ち向かう。♪タイトなジーンズにねじこむぅ〜。負けない。必死で風船の中へ。あと右足一本入れたら完了だ……の頃には中の空気がすべて出てしまい、あさこの真空パックの出来上がり。たすけて〜。後輩たちが慌ててハサミで風船を切ってあさこを救出。

そんなスタートでしたが風船を更に15枚追加注文して練習に練習を重ね、最終的には風船を膨らます時間を別にしたら5秒もあれば風船の中にIN。中で髪の毛を整えるほどの余裕が。ただ更なる次の問題が発生。一度中に入ったあと頭だけ外に出すのですが、その時がですねぇ……苦しい。そりゃあそうなんですけどね。ゴムも厚めで強いですし、ゆるゆるじゃ空気抜けちゃうし。ピッチリなんですよ。だからどうしても首ギューみたいな。結局空気がもれない程度に指を入れて緩める技を習得。なんとか本番を迎えましたが。本当の意味で〝命がけ〟のネタになりました。

他には落語をしたり、生まれた時と同じ重さのポテトサラダを作ったり、「欅坂46」ならぬ「下り坂46」として踊ったり。幕間のVTRでは大久保さんと人生ゲームをしながら人生について語ったり。そして会場と一体になって「YMCA」の大合唱で大団円を迎えまして。相変わらずやりたい放題の100分でございました。

それにしても今年はライブまでの期間が本当にバッタバタ。稽古や準備はもちろんですが、合間に山田ジャパンの舞台があったり、「イッテQ！」の女芸人合宿でヒューマンビートボックス練習したり、河合奈保子ちゃん踊ったり。モンゴルでお相撲も習ったっけ。そんな中、たくさんの皆々様にご尽力いただき、今年も無事にライブが出来ました。毎年思いますが本当に感謝。そしてそして会場に足を運んでくださったお客様も、来れなかったけど思っていてくださった方々も本当にありがとうございました。皆様からいただいたエネルギーでまた一年頑張りたいと思います。妖怪・エネルギー吸い取りババア、誕生。また一年よろしくお願いいたします。

〈今日の乾杯〉前菜は何品ものっているような、盛り合わせが好きで。これはおそらく母の遺伝かな。盛り合わされちゃうとそれだけでワイン一本いっちゃうぜ、ベイベー。今回の〝お気に〟は大あさりのガーリック焼き。

文明の利器

先日携帯を壊してしまいまして。

いつ自分が倒れるかわからない恐怖から、可能な限り携帯を手に握りしめて生きているわたくし。でもその手の握力もすでに弱く。しかも歩く時は腕を大きく振ることで弾みをつけて前に進んでいる。となると起こる現象はただ一つ。すぐ携帯をすっ飛ばす。しかもまるでネズミ花火のように地面をシュルシュル回転しながら遠くまで飛んでいってしまう。でもいつも壊れることもなく頑張ってくれていたのです。

でも〝その日〟は違っていました。夜、イモトとご飯しようと自宅を出てエレベーターに向かう途中、いつものように携帯を落としまして。その日は何故かシュルシュルせず真下に落下。しかも聞いたことないような強めの破裂音。パンッ。「あ〜あ、とうとう画面割れちゃったか」と裏向きに落ちている携帯を拾い画面を見ると、まさかの無傷。おお。お前はホントに丈夫だのぉ。さ、イモトが予約してくれたお店は初めて行くトコだからもう一度場所を確認っと……ん？　あれ？　画面が真っ暗だよ。あの液晶が割れた時のあのマーブル模様みたいな感じではなく。ただただ真っ暗。あ、もしやスイッチがオフになっちゃったかな？

じゃあボタンを長押ししてスイッチオン。ビッ。携帯のバイブ機能が働く。あれ？　スイッチ入ってる？　じゃあ困った時の電池ハズシだ。一度裏のカバーをはずして電池を抜いて戻す。そして起動……ダメだ。真っ暗。でも指紋認証の操作をしてみるとちゃんと開いた反応のバイブ。何度もそれを確認してやっと気づくんですよね。あ、壊れたんだ、と。

こういう時に起こるプチ走馬燈。あ、落とす直前の私だ。ねえあさこ！　握力強めて！　ほら！

そんなことを考えていても仕方ありません。イモトが待っています。初めてのお店故、事前に所要時間だとか場所だとか調べておいたのが功を奏す。その調べた時の携帯画面の残像を脳の引き出しから探しだす。たしか住所が〝4の6の9〟とか〝4の9の6〟とかだったな。あと駅から右に少し歩いた三角っぽい番地だったような。とりあえずタクシーに乗り込み「あっちの方」と大人とは思えない目的地の指示。運転手さんもいい方でなんとか〝そこだと思われる場所〟まで私を運んでくれました。

さて、次の問題は店名。完全なうろ覚え。何というお店で何階にあるかがわからない。頼れるものはやはり残像のみ。確かイモトからのＬＩＮＥに食べログのＵＲＬが書いてあったな。そこをクリックしたら一行目にお店の名前がえっと……なんか……漢字二文字。周りの看板を片っ端から見まわす。漢字二文字、漢字二文字……あった！　ココっぽいトコ発見！

おそるおそるお店のドアを開けてみる。

「あのお、イモトで20時に2名で予約……」

「お待ちしておりました！　こちらどうぞ！」

ホッ。お店正解。イモトはまだのようです。

さて、今は何時だろ。でも携帯壊れてるから時間がわからない。お店見回しても時計がない。すると二つ隣の席の女性の腕時計を発見。女性用の時計なのでかなり小さい。乱視がかなりひどいのですが、目を細めて時計を凝視。完全に不審者です。お、待ち合わせの6〜7分前。間に合った。

その時ＬＩＮＥが来た時に鳴るバイブが。きっとイモトから「すいません！　ちょっと遅れます！」とかかな。でも携帯の画面は真っ暗で読めない。ああ、気になる。もう気を紛らわすためにツイッターでも見よ。うん、だから見れないんだってば。なんだろ、この意味のない繰り返し。

そうこうしているうちに10分遅れでイモト到着。やはりさっきのブルブルはイモトから。仕事が押して遅れます！　の連絡でした。「ＬＩＮＥが全然既読にならないから、日にち間違えたかあさこさんが死んだのかと思った」と。すまぬ、イモトよ。

翌朝になっても携帯は暗いまま。携帯ショップに持っていくと、復活は難しいかも、と。

一応工場に出して復活出来るか試しはしてみますがあまりご期待なさらないように、とのことでした。携帯を使っていた二年分の写真や電話帳など全部を失い、結局新しい携帯を購入しました。

本当に携帯に頼りっぱなしだな、と再確認。メールやネットはもちろん、カメラ、時計、目覚まし、MAP、ゲームなどなど。携帯を失っていたのはたかだか一日半だけなのに、次々に感じる不便さ。実は翌日朝から名古屋でお仕事で。新幹線の窓から見る外は本当にお天気がよくて。いつもわざわざ富士山側の席に座るのに、結局携帯をいじっているか寝てしまい富士山を見ていない。これだけお天気いいなら、たまには携帯ないのもいいかも。外を眺めていると雪のほとんどない雄々しい富士山の姿が登場。こんなに雲もなくクリアに見えることも珍しい。よし、写真を撮ろう。あ、携帯ないや。結局携帯を思い出す。

他にもある本を読んで書く原稿を携帯にメモしていたことを思い出しまして。また一から本を読み直して改めて原稿を書いたり。

でも一番ガッカリしたのがキャンディークラッシュというゲーム。ステージ１４７０位までいっていたのに全部おじゃん。フェイスブックとかやっていたら携帯変えても引き継げるらしいのですがやってないもので。しかもその前の携帯でも実は９００くらいまでやって機種変してまして。つまり延べ２５００近くやっていることになります。ちなみに新機種でもまた一から始めて只今すでに２４７をチャレンジ中。そうです、私がヒマなおばさんです。よし、新携帯は壊れないように厳重なカバーでも買おうっと。落っことすのは直らないでしょうからね。

〈今日の乾杯〉ロケで越後湯沢に行きまして。帰り駅の改札前に広がるお土産売り場で購入したのは〝冷やした蒲鉾の中からトロッとチーズ〟のヤツ。越後のビールをゴクゴク。ああ、暑さ、吹っ飛ぶぜ。

ポケモンGO

盛り上がっていますね〝ポケモンGO〟。繁華街やレジャースポットはもちろんのこと、静かな住宅街であるウチの近所でも、携帯持ってウロウロしたり立ち止まったりして、〝ポケモンGO〟をやっていると思われる若者をよく見かけます。

「あんた達、周りもちゃんと見ながらやらなきゃだめよ」なんて口うるさいババアらしく〝心の中で〟注意しながら見守っておりますが。

そんなババアもやっちゃいましたよ、ダウンロード。ワイドショーで連日報道されていたのと、無料っていうのも相まってちょいと携帯に入れてみたんです。

ただダウンロードして気づいたんですけど、私……ポケモン知らない。調べたらポケモンが出来たのが1996年。私はすでに26歳。「ポケモン、ゲットだぜ！」って言う年齢でもなかったんですよね。

本当に知らないので遊び方を調べてみまして。なにやら〝ジム〟とやらに行って誰かのポケモンと自分のポケモンを戦わせてどんどん強くしていくとのこと。その〝ジム〟を見たら、ウチからちょっと行ったところにあったんですけどね。なんか46歳が携帯持って知らない人のウチの前で戦っているっていうのもあんまりねぇ。だから結局どこにも〝GO〟出来ず。誰とも戦うことなく、ただただウチに来たポケモンを集めてるだけという。

ただね、それはそれで結構楽しいんですよ。だって一人暮らしの寂しさを紛らわす為に、車やルンバを擬人化ならぬ擬〝ペット〟化して可愛がっている位ですからね。自分の部屋にモンスターちゃんが遊びに来てくれるのが嬉しかったりして。どこかに移動することもないもんだからたまにしか来ませんけどね。自分の足の上に乗っかってくれたりしたら母性全開。「どっから来たのぉ～」とか「またいつでも来てね～」なんて言いながらモンスターちゃんを捕まえる。そして捕まえたポケモン一覧を眺めながらウチに遊びに来た時の事を思い出してお酒を飲む。完全に普通の遊び方と違っておりますが。まあ、つまりはそれなりにハマっているってことです。ええ。

でも人のウチの前で戦うのは気が引けますが、普通にプチ観光と言いますか。ウチの裏にこんなオブジェがあるんだぁ、とか。ちょっと行ったところに公園がある、とか。5年近く住んでいるのに自分の街で知らない場所が結構あるということを〝ポケモンGO〟見ていたら発見いたしまして。となるとお散歩がてら裏道探索とかも楽しいかもなぁ、なんて。

実はちょうど「年齢的にお散歩とかでもいいんで少し運動しましょうか」と先日言われたばかりなんですよね。お医者さんに。こないだ1年半ぶりに人間ドックに行ってきました。

〝規則正しい生活〟が仕事柄なかなか難しい私。年齢もしっかり重ねていますし。体形もちゃんと丸い。特にスクスク育ったお腹まわりは立派なもんです。そんななのにいつも検査結果が悪くもないもんだからほっといちゃうんですよね。

しかもこのわがままボディでお仕事もしてますでしょ？　裸、のオーダーもありますしね。なんて言葉だけ見たら完全にグラビアの方のセリフですが。面白仕事の方ね。以前も書きましたがそういうボディの仕事で先輩に「面白かったねぇ」と褒めていただいた時の喜び。「スタイルいいね」「キレイですね」とかよりめちゃくちゃ嬉しいんですよねぇ。って言われたことないのでわかりませんが。多分。で余計に丸々ボディでいいと思っちゃう。

あと最近飲みに行った人から必ずと言っていいほど言われるこの言葉。

「どう？　最近イイ話はないの？」

〝イイ話〟とは要は恋愛ってことですよね。何度も「いやぁ、全然ないですよぉ」なんて答えていると気づくわけですよ。今自分にホントにその気がないんだなぁ、と。

先日もちょいと年上の女性と飲んでいる時にまたこの質問が来たので「私今そういう気持ちがない時期みたいで」と返答。するとその方に言われました。「あさこは今女性とかそういうんじゃなくて〝人間〟になったんだね」と。何、その名言。そうか私は人間になったのか。あの妖怪人間も「早く人間になりた〜い」と言っていたけど。というかベムが言っていた〝人間になる〟とは意味が違いますけど。ん〜、なるほどな、と。ま、今後はわかりませんよ。50過ぎて急に愛欲にまみれた毎日を過ごすかもしれませんから。

でもたしかに自宅、仕事場、飲み屋の行き来だけっていうのもね。ちょっと寂しいですよね。しかもこないだ小さな女の子からいただいたお手紙に「がんばれあさこさん　あきらめないで」と。

まずはリハビリがてら、その〝ポケモンGO〟見ながら近所の裏道散策でもやってみますかね。だってよく犬のお散歩で出会いがあるって聞くから。〝ポケモンGO〟でも出会いあるかもしれないものね。

お手紙くれた女の子ちゃんへ。そうだね。あさこさん、あきらめないよ。

〈今日の乾杯〉ガラスの器で冷えたお料理あると頼んじゃう。今回は鱧(はも)の子の卵焼きだそう。そして冬瓜。冬の瓜のクセに夏に美味しいなんてニクいヤツだぜ。

運命の糸

なぜ　めぐり逢うのかを　私たちは　なにも知らない
いつ　めぐり逢うのかを　私たちは　いつも知らない

中島みゆき様の名曲「糸」でございます。以前番組で椿鬼奴ちゃんの結婚を祝して下手ながらも心を込め倒して歌わせていただいた結果、奴ちゃんと二人で号泣するという。そんな思い出の曲。

その〝運命の糸〟というか〝縁〟というか。「本当にあるんだなぁ」と感動したことが、最近立て続けに2回もありまして。

まずは先日、とあるリゾット屋さんにロケに行った時のこと。帰り際、店員さんが小さな封筒を私に渡してきまして。「うちのオーナーからです」と。オーナーさんが私に何だろう？　開けてみると一枚の千円札とお手紙が。その手紙によると、5〜6年前に恵比寿駅で私がタクシーから降りてくるところを見かけたそうで。その時ハラリと千円札を落としたらしいんです。でも私は気づかずそのままスタスタ。オーナーさんはその千円札を拾ったものの私はすでにどこかに行ってしまっていて。でも「飲食業をしているのでいつかロケなどでいとうさんにまた会えるかもしれない」とその千円札を大事に持っていた、とのこと。

何年もそのお札を持っていてくださったのもすごいし、〝また会う〟という何の保証もないことを直感で思った上にそれを信じたというのもすごい。でも一番すごいのは、何年も経て本当につながった、ということ。不思議&感動。

そしてもう一つの〝運命の糸〟。この物語の始まりは26年前にさかのぼります。私のスタイリストのマリちゃんとA子ちゃんは2日違いで同じ病院で生まれました。そのお母さん同士も入院していた病室が一緒でベッドも隣。年齢も近く、お互い初めての出産。家も近くて意気投合。その後ずっとお母さん同士、そして子供同士も仲良くなり、よく会ったりお茶したり遊んだりしていたそうです。

でも引っ越しなどで会うことも減ってしまう。ただ電話やメールなど連絡はしていたそうで。それが先日スタイリストちゃんママがA子ちゃんママに「マリもこんなに大きくなってね」と写真を送ったことで、この運命の物語はギュンと動き出すんです。

その送った写真に写っていたのはマリちゃん母娘と私いとうあさこ。6月にやった私の単独ライブにお二人で見に来てくれて。そのあと楽屋で三人で撮った写真です。

それを見たA子ちゃんママが「あら。マリちゃん、いとうさんのファンなの？」。

「ううん、マリがね、今あさこさんのスタイリストしてるのよ」

「え？　実はね、昨年の夏、いとうさんがウチ来たのよ！」

「え？」

なんとA子ちゃんママの旦那さん、つまりA子ちゃんパパがオアシズ大久保さんのいとこで。以前書きましたが、去年の夏に大久保家一族の旅行に同行させていただいた私。その際に神奈川県にお住まいの大久保さんのおばさまをマイカーでお迎えに上がり、そこから一緒に箱根の温泉に行ったのですが、要はそのおばさまがA子ちゃんのおばあさま、A子ちゃんママのお義母さんだったんです。そんなことあります？　仲の良い大久保さんのいとこの娘さんと私のスタイリストも仲良しだったなんて。ご縁は本当に深く、面白い。

今までこういう運命の糸的なことってないわけではないですけど、こんなにすごいのはなく。「先輩のお父さんが王貞治」と「同級生のいとこが阿部寛」この2本柱でやってきました。ただこれはよくよく考えたら、いや、どう考えても私自身は関係ないですからね。

そう言えば〝出会いがしら〟系の運命の出会いなんてのは一度ありましたよ。あれは数年前。大久保さんと飲んでいてお店から出た途端、目の前の歩道を歩いていた殿方二人組。それが小藪さんとずんの飯尾さん。昔の少女漫画に出てくる、朝遅刻しそうな男の子とパンくわえた女の子が曲がり角でぶつかるかのごとく、本当にジャストのタイミングで四人がばったり。せっかくだからとシャレオツなシガーバーとやらに入り、シャレオツなモヒートを注文。結局馴染まず30分もせず退店しちゃいましたけど。

よく芸能人同士がシャレオツなお店で居合わせたエピソードをテレビで話していて、「ハンサムが集まるお店なんだねー！」とか、「それカメラ回したら番組一本できたんじゃない？」なんて盛り上がっているのを見かけますが、全体的に地味な顔の四人（先輩すいません）。何回か番組の打ち合わせでこの話をしてみましたが、今のところ食いつきゼロでございます。はい。

〝運命の糸〟は見えないから面白いのかもしれませんね。もしかしたらこれから出会う人とすでにすれ違っていたり、隣の席で飲んだりしているかもしれない。そう思いながら外を歩いたり電車乗ったりしている時にすれ違う人たちを見ると、自然にニヤニヤしちゃいます。

さぁて、次の運命の人はだ〜れだ？

あ、こないだ私がインドでロケをしていた時に立ち寄ったご飯屋さんで目があった日本人が、知り合いのお父さんの友達だったことが先週発覚した、という大きいか小さいかわからない〝運命〟も最後に書き足しておきましょうかね。

〈今日の乾杯〉大根のピリ辛お漬物。こんなんあったら何杯でもお酒いっちゃうよ。突き出

しだったのでビールをゴクゴク。お漬物への信頼感、安心感が年々増してくぜ。

恋

先日、舞台に出させていただきまして。自分の劇団・山田ジャパン以外のお芝居に参加するのはとても久しぶり。タイトルは「ドブ恋」。HPに出ていた説明をそのまま書き写すと〝ドブのように匂い立つドロドロとした濃密な人間臭い男と女の恋物語をオムニバスで描いた作品〟です。

今回はそのオムニバス恋物語を2チームで演じまして。チームみゆきとチームあさこ。鳥居みゆき嬢と私のチームです。各チーム、役者さん6人と芸人4人。人数は同じなのですが、メンツの雰囲気が全然違う。チームみゆきは鳥居を筆頭にザ・ギースの高佐くん、マツモトクラブさん、さらば青春の光の森田くん。鳥居のもつ独特な雰囲気も相まって全体的にポップと言うかオシャレと言うか。一方チームあさこはわたくしを筆頭にマシンガンズ西堀くん、スパローズ大和氏、磁石の永沢。そうです。芸歴20年選手のおじさんとおばさんの集まりです。

メンバーの雰囲気が違うからか、必然選ばれるお話の方向性も違ってくる。チームみゆきは全体的に残る印象が艶やかで色っぽい。キスシーンやベッドシーンもあり、濡れ感があってとにかくすごく綺麗だった。チームあさこはそういうネットリした感じのストーリーがほとんどなく。もう一度言いますがメンバーがおじさんとおばさんですからね。どちらかと言うと人間の悲哀と申しますか、生きざまと申しますか。そういうのがうっかりはみ出しちゃうようなお話が多かったんです。

私はオムニバス12話中3話に出演。そのうちの一つが若い彼氏のいる40代のおばさん役。彼氏はたまに家に来てはご飯したり泊まっていったりする。ある日彼女がご飯を作っている時、男に合コンのお誘い電話が来て。「仕事の先輩に呼ばれて行かなきゃならない」とウソをついて出かけることに。

「急いで行かないと先輩に怒られる。あ、でもタクシー代ない。まあ、急に先輩が呼んだんだからしょうがないか」

などブツブツ言っていると女が、

「(お金)貸そうか?」「いいよ」「でも仕事に影響したらマズくない? はい、一万円」「こんなにかからないよ」「大きいのしかないから」

そんなやり取りをして一万円を渡すんです。もちろんウソですよ、大きいのしかないなんて。千円札もあるけど、大きいお金を渡す為のウソ。

私はおそらく歴代の殿方たちがウソまでついて合コンに行ったことはない(はず)ですが。

なんかわかるんだよなぁ、このお金を多めに渡したがる感じ。もう〝好き〟なのか〝情〟なのか、「この人失ったらもう一生誰もいないかも」という〝恐怖心〟なのか。わからないけどとにかく彼から離れられない。そんな感じとか。

最後彼が出かけた後、この女は彼が食べ残したご飯を食べるんです。「大丈夫……大丈夫……」と自分に言いきかせながらも、どんどん涙が溢れてきて。40女の悲哀。なんか毎回自然に泣けてきちゃってね。しかもその彼の出かけ方もずるい。「行ってきます」って言うんです。「じゃあね」じゃなくて。「行ってきます」って。ということは〝帰ってくる〟ってことなんだもの。だからまた女は待っちゃう。ああ、ババア哀しいぜ。

他には旦那の浮気相手と対峙する嫁役と、失恋した後輩に自分の〝クソみたいな〟人生を話して「あんたの人生、遥かにマシ」と励ます先輩役。

私はこの三役。ええ、ええ。そうなんです。〝期待していた〟ラブシーンがゼロだったんです。恋のお話だと伺っておりましたからね。職権乱用ではありますが、舞台上でちょっと〝女ホル放出〟のお手伝いでも願えないかなぁ、なんて。でもまあそれは仕方ないですよね。お仕事ですもん。となると期待はアレですよ。よく聞く「舞台共演がきっかけで付き合いました」的なヤツ。ただね、こちらもウンともスンとも。もちろんわかっていましたけどね、ホントに。若い中一人なかなかの年長者でしたし。

しかも〝そういう〟期待が高ぶる打ち上げでも、サービス業のバイトが長かった私はうっかり動いちゃうわけですよ。お皿とかドリンクとかいろいろ。その姿見た人が「あさこさんってイイ女ですよね」みたいなこと言ってきても、こっちが「おっ！　ということは？」みたいな顔しちゃっているのかな。「あ、でも〝そういう意味〟ではないんですけど」と速攻で否定攻撃。何？　そういう意味って何？　そっか。私の場合の〝イイ女〟はいわゆるイイ女じゃなくて〝面倒見の〟イイ女なのね。

朝4時半まで盛り上がった打ち上げ。楽しかったですよ。すごく楽しかったのだけれど、みんなと別れて一人茶沢通りに出て。タクシーつかまえようと思ったら、タクシーどころか車も人もまったく通らず。とぼとぼ道を歩いていたら、うっかりなんか寂しくなってきちゃってね。口ずさんじゃったよ。「はじめ人間ギャートルズ」の最後の歌。

♪なんにもない　なんにもない　まったくなんにもない

こないだ「合コンで今一番モテる香りのボディシート」とやらを人様にいただきまして。汗をかいたので首まわりを拭いたところ、肌に合わなかったのかな。1分後に首が信じられないほど腫れ上がる、という。神さまがそのモテるという香りすらわたくしにはお許しくださらないのでしょうか。ああ。今夜もギャートルズ、歌っちゃおっと。

〈今日の乾杯〉とうとう食はここまで来たか。なんと「汁なしオニグラ」。いわゆるオニオングラタンスープのおつまみ版。甘く煮込んだ玉ねぎを焼いたチーズでくるむ。どうしよう、美味いぜ。キンキンに冷えた白ワインが止まらないぜ。

家族旅行〈前編〉

コラムをずっと読んでくださっている方はもうこのタイトルだけでピンときているかもしれませんが。昨年に引き続き、今年の夏もまた家族旅行に行ってまいりました。〝もちろん〟オアシズ大久保さんのご家族と、です。

今年の大久保家には家族が一人増えておりまして。そうです、イヌのパコ美です。なので今年はパコ美も泊まれる宿にすることにしました。今やワンちゃん同伴出来る宿はたくさんあります。何か所か候補地が出ましたが、今回は夏の軽井沢に決定。

改めまして今回のメンバーをご紹介いたしましょう。大久保さんのご両親、お兄ちゃんご夫婦と娘さん、佳代子嬢、おばさま、いとこ殿、そしてパコ美。そこへワタクシも加えていただきまして大久保家ご一行様は計10名。

皆さまはお住まいの愛知方面から車2台で軽井沢へ。私と大久保さんとパコ美は東京から新幹線で向かう事になりました。まずはワタクシ一人でみどりの窓口へ。パコ美のカゴもあるし、一日とは言えせっかくのサマーバケイションですから贅沢にグリーン車のチケットをお買い求めちゃおうと調べたところ……あれ？　あのテレビで見た〝グランクラス〟とやらがグリーン車と3000円しか変わらない。どうして？　別名〝新幹線のファーストクラス〟で超高級って聞いていたのに。一生乗ることないと思っていたのに。更に調べてみると軽井沢行きの場合は距離が近くて短時間の為、いわゆる専任アテンダントによるお食事だの、お酒も含むフリードリンクだの、アメニティなどのサービスがないとのこと。ただシートが広い、ということだけなのでお安いらしい。またとないチャンス！　そしてもう一回言いますが、たった1DAYだけのサマーバケイション！　そしてそしてハッキリ言いましょう。小銭は持っています！　ということで私はカウンターにて大きな声でこう言いました。「グランクラス2枚！」後ろに並んでいる人たちはきっと思ったことでしょう。「わあ、あの人お金持ちなのね。」違うんです。グランクラスと言っても破格のお値段のヤツなんです。ただそれをバレないように小さい声で「軽井沢まで」。

大久保さん&パコ美ペアとは東京駅のJR改札口にて待ち合わせ。「パコ美の体調はどう？」とか「天気よくてよかったですね」なんてたわいもないことを喋りながら、どこかウキウキしながら歩いていて。いざ新幹線改札口に入ろうとしたところ、大久保さんからまさかの一言。「チケットがない。」え？　さっきの改札通ってから100メートル歩いたか歩かないかくらいの距離で？　でもそういう時はだいたい鞄だのポッケだのに入っているもんで……ん～、ない。とりあえずパコ美がいるので「私見てきます！」と来た道をたどって歩いてみる。どこにもない。みつからないまま待ち合わせの改札口に到着。改札のお姉さんに「チケットの落とし物か抜き忘れが届いていませんか？　ほんの数分前に通ったんですけど」と聞いてみるも、特に届け出はないとのこと。もう一度地べたを舐めるように見ながら引き返す。すると夏休みの超人混みの中、一瞬とある場所がひらけまして。なんとそこの中心にチケットが燦然（さんぜん）と輝いているではありませんか。ああ、まるでモーゼの十戒。神様ありがとう。

　かなり変な汗はかきましたが、ある意味幸先のよいスタートで始まりました私たちの夏旅。まずはお楽しみのグランクラス。初めて乗るのを隠してスマートに乗り込んでやろうと思っておりましたが、無理。一歩乗った途端にキャーキャー&キョロキョロ。だってとにかくゴージャス。入口の内装から素敵で、シートもスペースも広い。足元にパコ美を置いてもキツキツにもならず。なんたる贅沢な空間。パコ美は一瞬「キュ～ン（訳：ああ、私もそのシートに座ってみたいなぁ～）」と言っていましたが、イイコにすぐ寝ちゃったので、お母さん（大久保さん）とばあば（私）は東京駅の地下で買った前菜セットをツマミに缶ビールで乾杯。昼間のビール、最高です。

　しばらく飲んでいると「あ、そう言えば」と大久保さん。毎年恒例の大久保家夏旅行ですが、先日ご実家に帰った時にお母様が「佳代ちゃん、もうそんな毎年無理しなくてもいいよ」とおっしゃったそうで。なので「あさちゃんだって予定いろいろ合わせてくれてるんだから行こうよ」と言うとお母様が「そぉ〜？　まあそんなにあさちゃんが行きたがっているなら行こっか」となった、と。「というわけであさちゃん。すごい行きたい感じで参加して」とまっすぐな目で言われる。いや、楽しみでしたよ。すごく楽しみにしていたけれど「わあ！　今日は私の為にみなさんありがとうございます!!」は大久保家の旅行でおかしいでしょ。

ま、でも結局その〝楽しみ感〟は勝手に溢れ出ちゃいますけどね。だって広いシートの新幹線に始まり、真っ昼間のビール。そして傍らにはかわいいワンコ。更に軽井沢駅に着いた時、その気持ちはもっと膨らむのです。それは真っ青な空と真っ白な雲になんとも爽やかで涼しい風が吹いいちゃったりしちゃったりしたらあなた。自然に「わぁ！」って言っちゃいますよ、思いっきり腕をあげて伸びしながらね。

さ、いよいよ軽井沢満喫タイム。と、ここで〝文字数〟というお時間が来てしまいました。次回は軽井沢駅に降り立ったところから聞いてやっておくんなまし。大久保一族プラス私の旅はまだまだ続きます。

〈今日の乾杯〉〝鴨がネギ背負って〟じゃなくて〝ナスが鴨背負って〟出てきました。嫁に食わさないでお馴染みの秋ナスちゃん。たっぷりの胡麻味噌をつけたら、ロックの純米酒はノンストップだわさ。

家族旅行〈後編〉

さてはて、前回のお話の続き。

そんなこんなで軽井沢駅に降り立った大久保さん＆パコ美と私。日差しは強いのに吹き抜ける風が涼やか。気持ちよさを全身で感じながらいざホテルへ向かいます。

「大久保さん。ホテルに向かうシャトルバスが13分後にありますよ」

出来る後輩感を出す。ホテルがちょっと駅から離れていたので、事前にネットで調べておいたのです。フフフ。南口のバス乗り場へ向かう。見るといろんなホテルのシャトルバスが停まっています。

「長旅お疲れ様でした！」「○○ホテル行きはこちらですよ！」

夏休みのワクワク感を増すような元気な声が飛び交っています。皆さん自分のバスを見つけてはキャッキャッはしゃぎながら乗り込んでいきます。

さてと、私たちのホテルのバスは、と。キョロキョロ。あれ？　いっぱい停まっているからわからないな。もう一度キョロキョロ。あれ？　やっぱりいないぞ？

次々に他のホテルのバスは出発。幼稚園の時、友達はお迎えが来て帰って行くのに、自分だけなかなか母親が来なくて残っちゃった時の寂しさとか悲しさとか怖さとか。なんだかそんなことを思い出しちゃう、そんな気持ち。そうこうしているうちにバスの出発時間が過ぎてしまいました。

とりあえずホテルに電話。

「もしもし？ あの、バス乗り場って南口じゃないんですか？」「え？ あ、あのぉ、今シャトルバスはお休みでして。明後日からスタートなんですよ」

え？ そうなの？ 夏休みまっさかりなのに？ 慌ててホテルのホームページを再びチェック。ホントだ。まさかのシャトルバス運休期間。すいません。やっぱり不出来な後輩でやんした。

結局タクシーで向かう事に。すると今度はタクシーが全然いない。出払っているのか10分に一台来るか来ないか。自分たちは4番目。ここでどちらからともなくスムーズなババアの分担作業スタート。私、列に並ぶ↓大久保さん、ずっとカゴの中だったパコ美を軽くお散歩させる↓パコ美、喉乾く↓私、並びながらパコ美をあやす↓大久保さん、近くのコンビニに水を買いに行く↓タクシー、来る↓大久保さん、ちょうど戻る。

タクシーに乗り込み30分。隠れ家的なお宿は森の奥にありました。ババアペアのお部屋はワンコOKの広めのお部屋。素敵な木のケージやお洒落なお水入れなども完備。パコ美も気に入ったようで部屋を猛スピードで2周駆け回った後、突然部屋のど真ん中に一本まっすぐなウンコちゃんを。あんまり美しいまっすぐだったもんだから「あれ？　こんなところに置物あったかしら？」と一瞬スルーしちゃったくらい。「ココ、私の部屋だワン」ってことだったのかしら。

愛知チームもほぼ同時に到着。とりあえずウチラの部屋に全員集合です。

「これ今年漬けた梅干し。今年は生姜もあるのよ。」「ええ？　お母さん、よろしいんですかぁ？」

そんな会話で始まった〝家族〟会議。今日はどう過ごそうか。ご飯の時間、お風呂のタイミングなど話しているとふと窓の外から不穏なサウンドが。ビシャビシャビシャ。いつの間にかまさかのどしゃ降り。慌てて携帯で天気予報を見てみると、どうやら明日までずっと雨とのこと。そんなバナナ。

でもね、そこが気心知れた家族旅行のよさ。それならば仕方ない、とスッと切り替えて冷蔵庫からビールを出してみんなで飲みだす。お母さんが持ってきてくださったお菓子を開けて「あんまり食べると晩御飯入らなくなっちゃうよ」なんて言い合いながらね。

途中せっかくだからとパコ美を連れてちょいと外へ。屋根のあるところを通って雨を避けながらのお散歩。遊歩道の方まで足を延ばすと一枚の看板。「野生の毒キノコあり。注意。」

見回すとホントに見たこともない黒い液体を周りの木に飛ばしているザ・毒キノコを発見。自然を大事にしている宿なのね。パコ美が食べたら大変、とお散歩即終了。

夕食が遅めの予約だったのでのんびりは続きます。食事前に大浴場へ。夏でも軽井沢の夜は涼やかなので露天風呂も気持ちがいい。さっき「あ〜あ」と思ってしまった雨ですが、露天で聞く雨音は癒しに変わるんですね。心も体も洗われます。

そして待ちに待ったディナータイム。素敵なイタリアンのフルコースです。美味しいワインを飲みながら子供チーム（と言っても全員40代半ばですが）がいろんな話をしているのを親チームがニコニコ聞いて。なんか本当に楽しくてね。そのせいかワイン何本飲んだかわからないわ。っていつも通りか。

翌朝も早起きしてパコ美のお散歩をしたり、モリモリ朝食バイキングを食べまくったり、雨降る軽井沢銀座をプラプラしたり。こうしてたった一日ちょいの夏休みは終わりました。お天気はちょっと残念でしたけど今年も楽しく素敵な時間を過ごせました。

それにしても実は夜中に子供たちだけで部屋飲みしたんですけどね。その時「こういうところはよかったけど、こういうトコ考えると次回はこうしません？」とか、「（愛知チームは）車移動も大変だから来年はもう少し近場か電車で行くところにしましょうか」とか。気づいたら私、自然に来年の大久保家旅行の打ち合わせに参加してましたわ。

というわけで来年も〝家族〟旅行、楽しみにしておりますので大久保家の皆様、よろしくお願いいたします。

〈今日の乾杯〉ヤバい。最近になって米でお酒を飲む美味しさに気づいてしまった。今回はカニとキノコの炊き込みご飯。秋冬だねぇ。お米でお米のお酒。しびれるぜ。

流行

一か月前の話になりますが。アイガーと言うすんげぇとんがった（山の人は〝切れてる〟と言うそうですが）山を登ってきたイモトと、9月の半ばに一日休みが合いまして。二人でドライブに行くことにしました。

さて、行き先です。彼女は本当に日本にいないのでまず向こうの希望を聞く。

「今一番どこ行きたい？」「映画を観たい！」

ちょうどその頃流行りまくっていた『君の名は。』が観たいとのこと。ただ公開してから三週間も経っているのに落ち着くどころかますます混んできていた状態。しかもその日は日曜日。二日前に新宿ピカデリーの座席を携帯で調べると、朝一の回でも席はすでにパンパン。でもそんな時の〝プラチナシート〟。お一人様5000円となかなかのお値段ではありますが、二人掛けのゆったりとしたソファにオットマンって言うんですか、あの足置ける椅子みたいなのもあって。毛布・クッションあり。更にワンドリンク（お酒もあり）やらチョコレートやら。2回目以降のご利用の場合はポップコーンまでついてくる。しかもチケットのカウンターも別なので並ぶ必要なし。ウェイティングルームまでありまして。そこでゆっくりシャンパンでも楽しんでからご案内のもと着席。半個室みたいな感じなので誰かに気兼ねすることなくゆっくり映画を楽しめる。とにかく〝至れり尽くせり空間〟なのです。と言うわけでこの贅沢シートを予約しました。

当日、意気揚々とイモトと〝専用〟エレベーターに乗り込み、プラチナシートのフロアへ。エレベーターが開き、〝専用〟カウンターでチケット引き換え。「しばらくウェイティングルームにてお待ちください」とお姉さんに案内されウェイティングルームに向かうと、まさかの光景が。

え？　カップルだらけ？

うちら以外100％全員カップル。そんなに!?　そんなにカップルで観る!?　しかも超人気映画だからそんなお高い席でも満席。カップル10組feat.ババア&登山家。なんかすいません。

そんな中観ました映画の内容等は、まだ公開中なので割愛させていただきますが、とにかく音楽に興奮した二人。車に戻った途端イモトが携帯にサントラをダウンロード。現代っ子がいてくれると助かる。♪前前前世フフンフン〜。ババアは早い歌詞はおっつかない。半分以上フンフンで歌いながら次の目的地へ。お次はお台場へ。そうです、〝ポケモンＧＯ〟をやりにです。正直この頃、私も含め周りの人はほとんどやめていましたが、これまたイモトがあまりやっていなかったので。

「でももうあんまりやっている人いないと思うけどね。」

そんなこと言いながらお台場に着くと……あれ？　海岸沿いの公園、すごい人。そのたくさんの人たちが右へ左へ走っている。〝ポケモンGO〟を起動してみると、いっぱいポケモンが出てくるというスポットにみられる桜吹雪みたいなのがあっちこっちに。お台場ではポケモンGOはまだまだ盛り上がっていたのです。そもそも家で眺めていただけで、どこにも〝GO〟したことなかった私は猛スピードでテンション上がりまして。ガンガン球っころ投げまくり。ポケモン捕まえまくり。いつもウチでやっていた時は首が3つの鳥みたいなヤツと、クワガタとゴキブリ合わせた感じのヤツばっかり出てきていたのが、出会った事ないポケモンちゃんたちがわんさか出てくる。途中雨が降り出すもそこでやめる人はいない。ちょっとでも屋根のあるところや木陰が人でギューギューに。すごい、すごいぜポケモン。

思った以上の興奮をいただきながら遊んでいると事件が。イモトの球がなくなってしまったのです。イモトは迷いました。だって私たちは〝ゲームはNO課金〟の精神でやってきましたから。しばらく考えて、イモトは言いました。「せっかく遊びに来たのにボールがないなんてねえ」そしてイモトは600円で球を買いました。

でも私にはそれを責める事は出来ませんでした。実は映画を観終わった後、携帯を見ると充電が残30％。そうだ、最近携帯の調子が悪くて充電がすぐなくなっちゃうんだった。私は言いました。「せっかく遊びに行くのに充電がないなんてねえ」そして私は１４００円で車用充電器を買いました。「ちょうど欲しかったところだし」なんて誰も聞いてないのに言い訳しながら。

そんなこんなで熱中すること二時間半。気づけば周りも暗くなり、街灯の少ない暗めの公園で携帯を見ていると、いざ動き出そうとしてもババアは目をやられていてしばらく動けない。しかも砂浜もあるお台場の歩きは46歳の足に多大なる負担を。「もうやめてください。もうやめてください」足首がそう叫んでいます。課金して買ったイモトの球も再度なくなり、私の充電もとうとう残３％になり終了。

なんだか日本のブームにノリ倒してみた一日。楽しかったですけどね。元々混んでいるところが苦手というのもありますが、やはり〝流行〟はババアにはちょいとキツかったようで。疲れ果てたその日の夜は馴染みのお蕎麦屋さんでさっぱり水ナスのお漬物つまみながら、静かに日本酒を飲みました。

あれから一か月。今はずっと昔からやっているＬＩＮＥゲームのポコパンをまたやっています。ランキングみたいな欄見るとわかりますが、今や私の周りでポコパン、７人しかやってないんですけどね。なんだかとっても落ち着きます。穏やかな日々に、感謝。

〈今日の乾杯〉まったけですよ、まったけ。この季節のぜいたく。秋深まってきたなぁ、とマツタケをツマミにひやおろしをゴクリ。秋、最高。

あの頃の自分へ

事務所の先輩であります内村光良監督の映画『金メダル男』を公開早々観に行ってまいりまして。そもそも5年前に原作となる内村さんの一人舞台『東京オリンピック生まれの男』を観てその強いエネルギーに感動し。今年小説『金メダル男』として戻ってきた時、忘れもしないインドロケに向かう飛行機の中で読み、最後まさかの大号泣。それを内村さんに伝えると「コメディだから！」と笑いながら叱られまして。そうなんですよね。コメディだからいっぱい笑ったのも事実なのですが、〝年〟ってやつなんですかねぇ。一生懸命な姿、中年おじさんの哀愁、その先に待ついろんな形の幸せ。こういうのを目の当たりにすると泣けてきちゃうんですよ、私。

そして今回の映画版。内村さんに「コメディだからな」のダメ押しをいただいた上で観に行きました……が、案の定、大泣き。いや、これまたいっぱい笑ったんですよ。満席の映画館で一斉に起こるドッという大爆笑、何度もあったんですよ。でもやっぱり人間の全力の生きざまを前にババアは泣いちゃうのです。

そしてもう一つ感動ポイントが。映画の主題歌である桑田佳祐さまの「君への手紙」。曲がいいのはもちろんのこと、この曲が主題歌になった経緯がステキ。内村さんが舞台のDVDとお手紙を書いて送り、ダメ元で桑田さんに曲をお願いしたら、しばらくしてその返事として一枚のCDが。この「君への手紙」が送られてきたそう。男泣きした、とおっしゃっていました。

♪ひとり　夢追って　調子こいて
こんな男のために
よく　まぁバカが集まったな

この歌詞の〝男〟とは映画の主人公・秋田泉一であり、かつ内村さんご自身のことでもあるのかな。だって内村さんが以前「イッテQ！」で大車輪に挑戦した時おっしゃっていたんですよね。「全力でやって仕方ないならいい。とりあえず一生懸命やります。全力は尽くします」と。主人公の秋田泉一がまさにそういう人で。二人はとても似ているのです。

それにしても桑田さんに自分が曲を作ってもらうようになるなんて、若い頃の内村さんは思ってもなかったんじゃないでしょうか。出川さん曰く「サザンは俺たち（ウンナンさんと出川さん）の青春だから」。特別な存在な分、余計にね。

そう考えるとありがたい事に自分もそんな経験が多々あるなぁ、と。というかそんなことだらけ。ヤングな頃、夢中になって観ていたテレビの中の人と今自分が一緒にお仕事をしているなんて。〝あの頃〟の自分に言ったら腰抜かすだろうなぁ。

中でも一番はやっぱり近藤真彦さん。9歳で出会い（ブラウン管越しに勝手に）いつかマッチのお嫁さんになるんだ！　と友達に教わった〝二人が結ばれる〟おまじないである「近藤麻子」とノートに40回書いてみる、とかしていました。それから時を経て、あさこ40歳。少しずつテレビに出していただき始めた頃、すごい奇跡が。ちょうどその頃マッチさんが芸能生活30周年でシングルを出されたり、テレビにいろいろ出られたり、という時期で。そんな時、私が南ちゃんの格好で部屋に飛び込み、カメラに向かって全力でネタをやり、ふり向いたら憧れのマッチさんが笑って見ている、というドッキリがありまして。あの時の〝驚き過ぎて意味が分からない〟からの〝涙が止まらないほどの嬉しさ〟。そして〝やっと会えたのにレオタード&脇汗と言う悔しさ&恥ずかしさ〟からただただ床にしゃがみ込んだのを覚えています。マッチさんという本当に〝雲の上の存在〟というか〝本当にこの世にいるのかどうかも半信半疑の方〟が目の前にいること自体がそもそも信じられませんでしたが。

そしてもうお一方。実はガッツリとマッチさんの大ファンだったわたくしでありますが、一度だけ浮気をしたことが。そのお相手が元シブがき隊のモッくんこと本木雅弘さん。『へッドフォン・ララバイ』という映画のモッくんがとにかくかっこよくて超ドはまり。半年ほどモッくんに心変わりしておりました。のちにそんな自分を恥じてマッチのコンサートに行った際、真っ白い紙テープに一本丸々反省の気持ちを書き綴り、武道館の二階から投げたりしたものです。今思うと完全に奇行ですが、あの頃はそんなことを真剣にやっておりました。

そのモッくん様が数年前テレビで南ちゃんネタをしている私を見かけたそうで。その時の感想が〃レオタードと脇汗で踊っている姿を見た時に何か切実なものが届いた〃〃そこはかとなく品が漂う〃。それから気になっていてくださったようで、この度本木さんからご指名が。というわけで先日、本木さんご出演の番組にて、ご本人の前で5年ぶりの南ちゃんネタをやらせていただきました。ただこの5年でかなりパワーアップしたあさこの超わがままボディ。大変失礼いたしました。

それにしてもせっかくヤングあさこの王子様お二人にお会いするのにどっちもレオタードって。ああ、悲しき運命。というかですよ。そもそもあのウッチャンナンチャンの事務所に入って「あさこ」と呼ばれているなんて〃あの頃〃は微塵も考えてなかったこと。あの頃の自分へ。46歳、改めまして、すごいですよ。

〈今日の乾杯〉いわゆるひとつのアン肝でございます。薬味たっぷりも嬉しいなぁ。急に寒くなり、しかもアン肝が登場したら、もう冬と言っても過言ではない…かな。となると熱燗頼まねば、ですね。

歩く

考えてみると私は道を歩いていく、突き進んでいくような歌詞の歌が好き。例えばユーミンの「Happy Birthday to You～ヴィーナスの誕生」。
♪前へ前へ前へ進むのよ
この歌詞に何度も背中を押されて。2010年R-1で決勝戦に行けたのもこの歌のおかげと言っても過言ではないのです。これ本当は赤ちゃんが産道を通って生まれてこようとしている歌詞なのですが。
渡辺美里さまの名曲「My Revolution」もそう。
♪非常階段　急ぐくつ音　眠る世界に響かせたい
♪My Fears　My Dreams　走り出せる
この力強い歌詞とあの歌声が相まって、数え切れないほど助けられ前に進んできました。
他にも北海道ロケの際、果てしなく続く長い道を見るとやたら興奮したり。飲みに行った帰り急に歩きたくなって、お店から家まで30分以上歩いていくこともしばしば。まあ酔っているのでたびたび転んで膝すりむいたり、足首ぐねったりしちゃっておりますが。

そんな歩き好きな私に何故かここ1か月、歩く仕事がよく舞い込んできました。先日行われた「GirlsAward 2016」。カリスマモデルさん達がランウェイを歩き、ヤングなガール達が悲鳴に近いキャーッという歓声をあげまくるキラキラしたイベントに、まさかのババアが参加してきまして。そうです、ランウェイ歩いちゃったんです。この冬公開のオムニバス映画『TOKYO CITY GIRL-2016-』。その中の「幸せのつじつま」にて私は〝他人の結婚を妬む独身40代の婦長さん〟という役作りが大変難しい……わけがない役を演じておりまして。今回はその告知も兼ねて、キャイ～ンさん達と出演させていただいたのです。

映画の予告VTRがスクリーンに流れた後、舞台上に私とキャイ～ン天野さんが登場。突然のおじさんおばさんの登場に「誰？」とザワザワする会場。二人で決めたテーマ〝ファッションショーのエンディングでよく見る、並んで出てくるデザイナー（天野さん）とモデル（私）〟の感じでランウェイを歩いていくと皆さん、少しずつ誰かわかったようで。今までのキャーとは違うギャーに近い笑い声の混じった悲鳴がうねりのように湧き上がりまして。もうね、気持ちいい。行きはちょっと緊張したけど、帰りは手なんか振りながら歩いちゃったりしてね。ああ、夢のよう。

でもね、神様はちゃんと見ているのね。その日の夜「勘違いするなよ」と言われているかのように、ローションまみれの長い長いヌルヌル階段を上るという仕事が。ランウェイとヌルヌル大階段。どちらも長く、そしてどちらもいろんな意味で素晴らしい道でありました。はい。

そしてこの歩き月間の締めくくりは〝集団行動〟。先日オンエアの「世界の果てまでイッテQ！」にて女芸人10人で挑戦いたしました日本体育大学の一糸乱れぬ集団パフォーマンスです。前後左右きっちり列を揃え、決められた歩幅で号令に合わせて前へ後ろへ斜めへ素早く動く。時にただ自分と仲間を信じて前を見たまま躊躇せず後ろに下がる。

いやいやいやいや。そもそもメンバーの体型が全体的に大型じゃないですか。それが何十人もがピッチリと並んだ狭い隙間を通り抜けられるとは思えない。しかもその歩くスピードは〝プロの競歩の選手くらい〟と、とても速い。そして号令がかかったらすばやく方向を変えなくてはいけない。身長差もあるから歩幅もなかなか合わない。

年齢だってまあ最年少29歳はいますけど、ほとんどがアラフォー&アラフィフ。となると〝すぐ疲れる〟という致命的な特性が。もちろん一生懸命やりますよ。すごく一生懸命やりますけど、ちゃんとすぐ疲れるんです。それにすぐあちこち痛くなりますしね。

まずは3日間そんなうちらだけの猛特訓。もちろん（？）途中でお約束の宴会（みんなでカラオケをやる）やら朝稽古（みんなでお相撲をとる）もやりながら。

数日遅れてくる筋肉痛がちょうどドンピシャで両足全体にきちゃった4日目。いよいよ学生さん達との合同練習。まず〝本物〟を見せていただく。その〝本物〟のド迫力に丸みを帯びた女芸人たちは口々に、「いやいや、無理でしょ」「やばいって」。そんな中、先生からまさかの一言。「じゃあ芸人の皆さん、学生の間に入って」……え？　いきなり？　最初っから？　戸惑う間もなく10人が学生さん達の間にちりばめられる。「気を付けー！　前へー、進めっ！」は？　もしや？　始まった？　密集した人間の塊が一斉に動きだす。すると本能が「人にぶつかったら危ない」「転んだら人も巻き込んじゃう」と危険を察知して指令を出すんですかね。急に耳が研ぎ澄まされまして。号令がよく聞こえてくるんです。ウソみたいに。目も同様で前の人の足の動きがゆっくり見えたりして。

そしたらね、まさかの動けるという。いやね、正確に言うと出来ていないんですよ。もちろんぶつかりもしますし、列から跳ね飛ばされちゃうこともあります。でも10人で練習していた時と全然違うと言うか。考える暇がない分、とにかく必死に動くんですよね。しかも四方八方上手な人に囲まれて、その〝上手〟が移るのかも。まさにあの金八先生の〝腐ったみかん〟の逆状態。

こうして2日間合同練習をして、最終日。ダメダメな私たちを見捨てず指導してくださった先生方と、母親でもおかしくない年齢の私たちを励まし続けてくれた学生さん達に支えられ、なんとか無事に本番終了。感謝。本当に大変でしたが〝青春再び〟な感じで楽しかったです。

するとと後日、この経験が意外なところで役に立ちまして。先日品川駅の朝のラッシュ時、誰ともぶつからずまっすぐ突き進み改札まで行けたのです。それを見ていたマネージャーが「なんだか今までのあさこさんと違う」と。ババア、まだまだ成長しております。

〈今日の乾杯〉前回のアン肝に続くプリン体……いや、冬の味覚・白子さまの登場。軽く焼き目がつく程度に炙った白子にすだちをキュッと搾る。寒いの苦手ですが、これが来たら冬も好きになるわ。

ナミダ飯

先日「ナミダ食堂」という番組でMCをさせていただきまして。ゲストの方が思い出の味を食べながらその頃の思い出を語り、その味にナミダする。そんな番組。皆さまの〝ナミダ飯〟はそれぞれ。亡くなったお母様との思い出のラーメン、忙しすぎてなかなか帰れない故郷の味、下積み時代にマネージャーさんが連れて行ってくれたトンカツ屋さんで必ず頼んでいたというカツ丼などなど。その味で思い出すいろんな出来事。皆さんが流す涙や思い出が優しかったり深かったり。横でババアもずっともらい泣きしておりました。時にゲストの方より先に泣き出すという失態を演じながら。

ただ私は味よりも曲でいろいろと思い出すことが多い。例えば文化祭実行委員に加わり、今まで禁止されていた後夜祭を実現させた中3の時の文化祭テーマ曲でありますレベッカ「MOTOR DRIVE」はいまだに聞くと〝青春〟が溢れ出してきて胸が熱くなります。

友達以上恋人未満の男の子を実家の車を借りて迎えに行った時、ラジオからその頃流行っていたユーミンの「Hello, my friend」が流れてきて。理由がわからないけどなんだか涙が溢れてきた夕暮れ時。だから今聞いてもなんとなく切なくなる。

19歳の頃、片思いだった大宮在住の男の子に会いに、何故か新宿から何時間もかけて歩いたことがあるのですが。その時ウォークマンで聞いていたバナナラマの「Love In The First Degree（第一級恋愛罪）」。今でもこの曲がかかるとなんだか早歩きになったりして。

更には先日参りましたユニコーンのコンサート@中野サンプラザ。やはり私が生まれて初めて買ったＣＤシングルであります「大迷惑」がかかると〝あの頃〟が猛スピードで蘇る。♪町のはずれでシュヴィドゥヴァー！　と暴れながらの大熱唱。ああ、最高。更にはコンサートのメインでありますが新しいアルバム曲もいい曲いっぱいで。ただそこが46歳。はしゃぎ方間違ってちょっと腰やっちゃいまして。でもまあ60歳の頃とかにこのアルバムの曲聞いたら「あの時は腰痛かったなぁ」とか思い出すのかな。

さて、そろそろ話を〝味〟に戻します。そうは言っても私にだって思い出の味の一つや二つ。

例えば小さい頃、今の数寄屋橋交差点近くにあった銀座大飯店という中華料理屋さん。今はもうなくなってしまいましたが、何か特別な時に家族で行くお店でした。お料理が美味しかったのはもちろんのこと、そのお店の隣にサンリオショップがありまして。だいたい祖父母も一緒でしたからね。「何か一つ好きなのを買っていいよ」と言われ、キキララのメモとかマイメロディのシールとか買ってもらったのを覚えております。そんなお店で一番覚えている味は、ん〜……まさかの氷砂糖、かな。大人たちが飲むお燗した紹興酒に入れる氷砂糖。これを親の目を盗んで祖父母からくすねるわけです。なんかちょっとした背徳感含め美味しかったのかもしれません。

あとは女子高生時代、帰り道寄っていたファストフードのデイリークイーン。本当は寄り道禁止でしたから不良です、不良。そこの名物・ひっくり返しても落ちないしっかりしたソフトクリーム。中でもキャラメルソースでコーティングしてあるのが大好きで。冷え固まったキャラメルソースをちょっとかじって中のソフトだけを吸いまして、最後残った周りのキャラメルを食べるという下品な食べ方をしておりました。お恥ずかしい。今でもよく食べたくなるのですが、いつの間にか日本から撤退していて。残念。

イエスタディというファミレスはわかりますかねぇ？　店内はちょっと昔のアメリカっぽい内装でBGMもたしかオールディーズがかかっていたような。ちょうど初めての彼氏殿の家があった武蔵境からちょっと行った吉祥寺か三鷹辺りにありまして。私がバイト終わって帰ってきたら、働かずウチで待っていた彼を連れてイエスタディに行き、フルコースかと言うほど食べさせた記憶があります。ちょっと高級でしたが、すごく美味しくて。これまたいつの間にかなくなっておりましたが。

その彼がある日一念発起して「働くぞ」と。「自分を甘やかさない為にも住み込みで」と。

で彼が選んだのが千葉の銚子駅にありました、たしかチャイナムーンという、いけすのお魚を希望の調理法で料理してくれるようなお店だったような。当時はよく銚子まで車飛ばして会いに行っていました。たまに近くにあった、地球の丸く見える丘展望館とかでデートしたりしてね。新鮮で美味しいお魚を丸揚げしてあんかけ、的なお料理が好きでしたが、結局彼はそこも長く続かず。そして今、その店も有らず。

思い出の味を振り返ってみたらことごとくお店がなくなっているという悲劇。となると頼みの綱は母の味。母は料理がとても上手なので大好物はいろいろあります。以前も書きましたがイカの身一杯に対してワタを二杯分使う手作り塩辛。お誕生日など特別な日に作ってくれるタンシチュー。母はあまり甘いモノをいただかないのですが、唯一作ってくれたカスタードプリンなどなど。

とは言えまだ母も元気ですし。今は食べて笑う事はあっても泣く事はないかも。なんとも幸せなことです、はい。今宵もまたどこかで日本酒ロック片手に美味いモンでも食べるとしましょう。もちろん笑いながら。

〈今日の乾杯〉とうとう出ました。オアシズ大久保さんVer.のうまい棒。その名も「大久保棒」。大久保さん宅での飲みでこんなん出てきました（笑）。味は〝〆のラーメン風味〟とのこと。ま、しめませんけどね。

過保護

久しぶりに異国ロケへ行くことになりまして。今回も他の演者&スタッフさんは先に現地入り。私だけ仕事の都合で後から参加の〝現地集合現地バレ（一人ぼっち）〟パターン。いつものヤツです。そして〝もちろん〟トランジットあり。いやぁ、何回やってもトランジットってぇのは緊張しますが、今回の緊張はいつもの数倍。何故ならそのトランジットの空港が今まで行ったことのない中東地域の、行ったことのない空港・ドーハの空港だから。ド、ド、ドーハ？　わたくし〝悲劇〟しか存じませんが。社会の授業がアホほどできなかった私はまずドーハが国名なのか都市名なのかもわからず。携帯で調べてみる。なるほど、カタールの首都。ついでに地図も見てみる。あら、ペルシャ湾にすんげぇ飛び出しているとこが国なのね。

今回の場合、ドーハ経由が一番ロケ地に早く着けるとのこと。でもこれがなかなかの遠回りでしてね。2時間半のトランジット合わせて21時間の大冒険と相成りました。

言ってもわたくしだって一人のかよわき女性。心細くだってなりますよ。例えばよく乗り換えしているパリの空港は、とにかく広いけど最近ではどこに何があるか、とか、トラブルがあるとしたらだいたいこういう事、みたいなのがなんとなくわかってきまして。でも初の空港だとどんな感じか、乗り換えの際スムーズにいくのか、英語は通じるのか（って別に英語はほぼほぼ喋れませんが、単語で乗り切る〝勇気〟は持っております）などなど不安が次々と。

なので行く前に番組スタッフさんに何度も聞きました。「大丈夫ですよね？」と。もう「大丈夫だと思いますよ」としか答えようのない漠然とした質問ですが。

そんな私がよっぽど不安そうだったんでしょうね。成田空港まで見送りに来てくれたスタッフさんがドーハの空港の全体図のコピーをくださいまして。その図の一か所、エスカレーターに丸が。「あさこさん、ここにあるエスカレーター上るとラウンジがありますからね」ああ、ありがてぇ。

そしてまずはチェックイン。カウンターにて〝日本語使えるうちに出来うる限りの質問をしておこう〟のコーナーです。さっきの空港全体図を見せながら「ここのエスカレーターは行けばすぐわかりますかね？」「乗り換えの際、何か特別なことはないですか？」そして最後に例の質問。「大丈夫ですよね？」

再び「大丈夫だと思いますよ」のお答えを頂戴いたしまして、いざ出国です。諸々手続きを済ませ、最後〝お清め〟という言い訳の元、出国前に必ず入れる一杯のビールを飲み干し、搭乗口へ。するとさっきのチェックインカウンターにいたお姉さんが何か紙を持って私を待っているではありませんか。

「いとう様。私も実際この空港に行ったことないのですが、ネットで何枚か空港の様子がわかる画像を見つけてコピーしてまいりました。空港中央にこの写真の大きなクマがありますので、飛行機降りたらそこを目指してください。そこに乗換案内やラウンジなどすべてありますので」

まるでちびっこに説明するかのように、46歳に丁寧な説明と対処。チェックインの時、これまた不安がはみ出しちゃっていたんだろうなぁ。ああ、ホントにありがてぇ。

空港全体図、空港風景写真を握りしめ、いよいよ出発です。機内に乗り込むとタイ人だというCAさんが私の元へ。流暢な英語でこう聞かれました。「大丈夫ですか？　ドーハ不安ですか？」あら、やだ。ここまで話が伝わっている。一応大丈夫だと伝えましたが「日本人スタッフも呼んできますね」と。しばらくして日本人のCAさんがやって来て「ドーハのお乗り継ぎが心配だと伺いました」。ああ、完璧な伝言ゲーム。ちゃんとここまで伝わりましたよ、チェックインカウンターのお姉さん。するとそのCAさんが「よかったら」と一枚の紙を。見るとB5サイズの紙にびっしりと手書きで必要そうな英会話が。「○番ゲートはどちらですか？」や「ラウンジにはどうやって行きますか？」などに混じって「迷子になった！（I've got lost!）」も。これだけは使いたくない。そして端っこにはＣＡさん達からメッセージが。「頑張ってください！」うん、頑張る。

そして最後に一言。「とにかく中央の〝黄色い〟クマちゃん目指して行けば大丈夫なので。」あ、黄色いのね、クマ。コピー白黒だったからわからなかったよ。よし、私もう大丈夫。

そんなこんなで無事にドーハに到着。乗り継ぎのセキュリティチェックまで10分歩いても着かない、というプチパニックはありましたが、なんとか目印の巨大な黄色いクマに出会えました。ただそのクマちゃん、何と申しますか。可愛いとも可愛くないとも言えない、と言いますか。と言うのもなにやら机に置くような電気スタンドが背中から刺さっていて、そのカサが頭の上から覆いかぶさっているという謎のスタイル。あまりにシュール、です。

ま、何はともあれこのクマちゃん目指してやってきた私。実は今、そのクマを見ながらこのコラムを書いております。皆々様の過保護なまでの手助けのおかげで無事迷子にもならず、あさこちゃん46歳トランジットできました。と言うか、旅はまだ中間地点。さ、本当のロケ地に向かいましょ。

〈今日の乾杯〉カニ。完璧にほぐされて出てきたら〝カニ食べる時あるあるある〟の「喋らない」にはならない。いっぱい喋って、いっぱい笑って、いっぱい飲んで。ミソもたっぷり別添え。最高。

あさキャン流行語大賞2016

毎年「イッテQ！」でやっている占いで、今年の1位がなんとまさかのワタクシでして。あれだけ凄い方たちの中での1位ですから、そりゃあ、普通の1位とは違うヤツだと思って泣いて喜んだのを覚えています。

でもね、この年の瀬にふと思ったのです。あれ？　特に何にもなかったなあ、って。こないだ飲みに行った時に友達と喋っていて気づいたのですが、もしかして私の年だとこの〝特に何にもなかった〟という事が1位に匹敵するほど凄いことなのではないか、と。そりゃあ若いうちは〝白馬の王子様があらわれた〟とか〝仕事で大成功〟とか〝宝くじで大当たり〟などなど、1位になるってことはそういうラッキー大爆発的なことだと思っていました。でも46歳にはこの現状維持という状態が若い頃のそれに値するほどラッキー、奇跡、そして凄いっていうことになっちゃうのかも。そう思ったらね……泣けてきましたよ、ホント。そんな今年ももうすぐ終わります。

「神ってる」が流行語大賞だった今年。正直46歳は使ったことのない言葉。

もし私が流行語大賞、つまり今年よく使った言葉を選ぶとしたら……ドルドルドルドルドル

(ドラムロール)ジャン! 「パコ美」です。そうです、今年2月にオアシズ大久保家にやって来たワンコです。〝今年の漢字〟も選んでいいなら、大きく「犬」と書くでしょう。それほどパコ美は2016年の私にいっぱい影響を与えてくれました。

前にも書きましたが私はパコ美の〝ママ〟でもなく〝おねえちゃん〟でもなく〝ばあば〟なのです。ただパコ美をかわいがりまくるだけの〝ばあば〟なのです。

以前大ヒットした大泉逸郎さんの「孫」という曲。その歌い出しが…

♪なんでこんなに　可愛いのかよ
孫という名の　宝もの

もうね、そういうことです。ええ。パコ美という名の宝ものです。

そんなパコ美の誕生日が先日ありまして、私はお洋服をプレゼントしたのですが、実は私今までワンコの洋服反対派だったんです。というのも実家で飼っていたイヌは外で飼っていたのもあり洋服を着ることはなく。親も「毛皮というお洋服着ているから寒くないのよ」みたいなこと言っていて。だからワンコに洋服を着せるという事があまりピンとこなかったんです。ただどんどん寒くなってきた今「パコ美は何が一番欲しい?」ばあばは考えました。

「そうだ、あったかい洋服をあげよう」

早速パソコンで検索。「犬 洋服」と入れてみると溢れんばかりの情報が。その中から近所のお店を発見。どうやらそこは倉庫的なお店らしく、HPの説明に「商品の陳列はしておりませんが全商品取り揃えております。お気軽にお立ち寄りください」と書かれておりまして。地図を片手に行ってみるとすぐ場所はわかったのですが、確かに曇りガラスで中が見えず。ただ大量の段ボールが重なっているのはなんとなく透けている。こう見えて結構人見知りなものですぐに中に入れず、意味なくお店の前をウロウロすること5分。でもHPには〝お気軽に〟って書いてあったし。よし。勇気を出してオープン・ザ・ドア。「あ、あの、は、初めて、ワ、ワ、ワンコの服を買いたいと……」しどろもどろ言っていると優しそうなお姉さんが出てきてスッとカタログを。「おっしゃっていただいたらどれでもお出ししますので」手渡されたカタログを開くとカワイイが勢揃い。「パコ美はおてんばだから、あんまりフリルとかじゃない方がいいなぁ」「へえ、ヒートテック的な暖かい素材のが人気なんだぁ」「やだ！　これ超パコ美っぽい！」なんて一人でブツブツ。「ちなみにおサイズは？」の質問。フフフ。実はちゃんと前もって大久保さんに「パコ美には内緒ね」と電話でスリーサイズ（首回り、胴回り、胴長さ）を聞いてきております。そのサイズを伝えて、あさこの最終選考に残った5着を出していただきましたが、デザイン・肌ざわり・着やすさなどを考慮いたしまして、結局ピンクのボーダーのヒートテック的な生地のロンTと、真っ赤なダウンジャケットをチョイス。「これ重ね着でもカワイイかもしれませんね」とお姉さん。え？　ワンコが重ね着？　う〜ん……いいかも。

いざ誕生日。ウキウキばあばがプレゼントを渡すと「うれし〜なぁ〜。何が入ってるのかな〜」とパコ美の気持ちをママ（大久保さん）が代弁しながら開けてくれまして。パコ美の顔を思い浮かべながら一生懸命選んだかわいい洋服たち。「ばあばに着て見せてよ」とロンTを着せようとしたところ、パコ美ったら。まさかの超嫌がられるの巻。「ほら、肌触りいいでしょう」「あったかいよ」と説得しながらなんとか着せてみるも、右肩辺りをすごい勢いでくわえて嚙みちぎろうとする。ばあばは大久保ママに言いました。「これ、布団とかに使ってもらっていいから」

2016年〝携帯を2回も落として壊す〟や〝生まれた時からモテない星を持っていること が占いで発覚〟〝番組で欅坂46ちゃんと一緒に「サイレントマジョリティー」を踊らせてもらったのに、オンエア観たら一人だけどこかの部族の踊りみたいだった〟など悲しい事もたくさんありましたが、パコ美に癒されながら〝無事に〟過ごせました。そう思うとやっぱり1位だったのかもしれません。となると来年の目標も欲張らずただ一つ。

「生きる」

一生懸命生きますので、来年もよろしくお願いいたします。よいお年を。

〈今日の乾杯〉今年ラストは牡蠣のグラタン。グラタンのズルいところはあの〝溢れ〟感ね。溢れるベシャメルの下にうんめぇ牡蠣が隠れてるなんて。猫舌無視して熱々で。日本酒ロックで冷やしながらね。

文庫版　あとがき

そんなこんなで〝ババア吐き出し話〟にお付き合いいただきまして、本当に本当に感謝でございます。2014年10月から始まりましたこの連載も、おかげさまで7年近く経った今でもまだ続いておりまして。先程、この「あとがき」を書く前に152本目の原稿を担当の方に送らせていただいたところです。

この本は2014年10月から2016年12月までの間に書いたものをまとめております。44〜46歳の自分なわけですが、いやはや何と申しましょうか。んー、若かったなぁ、と。「大して変わんないでしょ」なんて声も聞こえてきそうですが、ホントに、です。只今51歳。〝あの頃〟より〝ちゃんと〟衰えております。特に記憶方面がやられちまってまして。久しぶりにこの本を読み返した時、ずっと「あ、そんな事あったたんだぁ」「へぇ、そうなんだぁ」とまるで新情報くらいのテンションで読んじゃってますから。まあこの〝能力〟のおかげで何度おんなじ人（大久保佳代子さん）とおんなじ話（老後の話）をしても、毎回新鮮に話せるし聞けるるし。幸せな才能だと思っちょりますが。はい。

体の衰えも♪とどまぁーる事を知らない、と自然にミスチルっちゃいましたが、本当に止まりません。こないだなんて〝普通〟に〝普通〟の道を歩いていた時、何につっかかったのか不明ですが右足、つまずいちゃいまして。「あはは」なんて笑いながらもう三歩進んだら、今度は左足でつまずいた。一緒にいた友達もさすがに「大丈夫？」と。怪我うんぬんの「大丈夫？」じゃなくて〝生きる〟能力に対しての「大丈夫？」です。彼女はちょっと寂しそうな顔して「もう足が上がらないんだね」と言いました。私は口角だけちょっと上げて、静かに会釈した。今はそんな毎日です。

なかなか落ち着かない世の中がずっと続いておりますが、どうぞ皆々様にとって少しでも優しく心豊かな日々となりますように。切に切に願いながら、今日も元気に乾杯で締めたいと思います。それでは、今日も一日お疲れ様でした。乾杯！

いとうあさこ

（株）ヤマハミュージックエンタテインメントホールディングス
出版許諾番号　20222444P

JASRAC 出 2103094-207

この作品は二〇一七年六月小社より刊行されたものです。

幻冬舎文庫

●最新刊
キッド
相場英雄

元自衛隊員の城戸は上海の商社マン・王の護衛のために福岡空港へ。だが王が射殺され、殺人の濡れ衣を着せられる。警察は秘密裏に築いた監視網を駆使し城戸を追う——。傑作警察ミステリー！

●最新刊
ラストラン　ランナー4
あさのあつこ

努力型の碧李と天才型の貢。再戦を誓った高校最後の大会に貢は出られなくなる。彼らの勝負を見届けたいマネジャーの久遠はある秘策に出る。陸上に魅せられた青春を描くシリーズ最終巻。

●最新刊
作家の人たち
倉知　淳

押し売り作家、夢の印税生活、書評の世界、ラノベ編集者、文学賞選考会、生涯初版作家の最期。本格ミステリ作家が可笑しくて、やがて切ない出版稼業を描く連作小説。

●最新刊
20歳（はたち）のソウル
中井由梨子

夢を抱えたまま、浅野大義は肺癌のために20年の生涯を終えた。告別式当日。164名の高校の吹奏楽部OBと仲間達による人生を精一杯生きた大義のための1日限りのブラスバンド。感動の実話。

●最新刊
神奈川県警「ヲタク」担当　細川春菜
鳴神響一

江の島署から本部刑事部に異動を命じられた細川春菜。女子高生に見間違えられる童顔美女の彼女を新天地で待っていたのは、一癖も二癖もある同僚たちと、鉄道マニアが被害者の殺人事件だった。

あぁ、だから一人（ひとり）はいやなんだ。

いとうあさこ

令和3年6月10日　初版発行
令和4年7月20日　7版発行

発行人――石原正康
編集人――高部真人
発行所――株式会社幻冬舎
〒151-0051東京都渋谷区千駄ヶ谷4-9-7
電話　03(5411)6222(営業)
　　　03(5411)6211(編集)
公式HP　https://www.gentosha.co.jp/
印刷・製本―株式会社　光邦
装丁者――高橋雅之

検印廃止

幻冬舎文庫

ISBN978-4-344-43089-1　C0195　い-67-1

この本に関するご意見・ご感想は、下記アンケートフォームからお寄せください。
https://www.gentosha.co.jp/e/